이 말은 꼭 해야겠는데 어떻게 하면 좋을까

이 말은 꼭
해야겠는데
어떻게 하면
좋을까

다나베 아키라 지음
송현정 옮김

nomad
지식노마드

쓴소리 못하는
상사가 늘고 있다

●○○

부하를 혼냈다가 '상사 갑질'이라는 말을 들었다.

가벼운 주의를 주었을 뿐인데 부하가 출근하지 않는다.

쓴소리를 하면 부하가 마음에 상처를 입을지도 모른다.

부하가 나를 싫어할까 두렵다.

혼나본 경험이 적어 부하를 어떻게 혼내야 할지 모르겠다.

요즘 이런 이유로 부하에게 쓴소리하기를 망설이는 상사가 늘어나고 있다.

이는 상사의 책임감만이 문제라고 할 일이 아니다.

종신고용제도가 붕괴된 요즘엔 회사에서 상사가 오랜 시간을 들여 부하를 육성하는 문화도 함께 사라지고 있다. 가르치기 위해 부담을 감수하고 쓴소리를하면 부하는 금세 직장을 옮겨버리거나 다른 부서로 이동해버리기 일쑤다. 이렇다 보니 상사 입장에선 쓴소리해봤자 미움만 받게 되어 오히려 손해라는 생각이 당연해졌다.

학교와 가정에서도 아이를 혼내기보다는 칭찬하는 교육법이 일반적이다. 태어나면서부터 칭찬에 익숙해진 젊은이들은 쓴소리에 대한 면역력이 없기 때문에 조금만 주의를 들어도 마치 자신의 인격이 부정당한 것처럼 받아들인다. 심하면 상사의 쓴소리 때문에 회사를 그만두는 경우도 있으니, 인력 부족에 시달리는 기업들은 더욱더 직원들의 눈치를 볼 수밖에 없다.

그러나 시대와 상관없이 회사라는 조직에서 '쓴소리'는 빼놓을 수 없는 필수불가결한 행동이다. 조금 오래된 자료긴 하지만 일본의 경제잡지 〈프레지던트President〉의 조사에 따르면 약 70% 의 사람들이 '회사에선 쓴소리가 꼭 필요하다'고 답했다는데, 그 럼에도 쓴소리는 점점 줄어드는 것이 사실이다.

상사가 부하를 혼내지 못하는 회사는 과연 좋은 회사일까?

쓴소리는 상호 신뢰 관계가 없으면 불가능하다. 그리고 신뢰 관계를 쌓는 데는 반드시 커뮤니케이션이 필요하다. 그런데 의외 로 직장 내 커뮤니케이션은 별로 중요하게 여겨지지 않는다.

과거 일본의 기업들은 동료들 간의 커뮤니케이션은 물론 상사 와 부하 사이의 친밀감을 높이는 커뮤니케이션도 중요하게 여기 지 않았다. 상사는 그저 부하에게 업무를 지시하고 부하는 그 지 시를 수행하기만 하면 된다는 생각이 일반적이었던 것이다.

하지만 사실 상사와 부하의 커뮤니케이션이야말로 강한 조직

을 만드는 데 있어 빼놓을 수 없는 요소다. 긴밀한 커뮤니케이션
을 통해 형성된 관계는 쓴소리로 무너지지 않는다. 오히려 부하
는 상사의 쓴소리를 감사히 여길 것이다.

　이 책에서 소개하는 '쓴소리 대화법'은 상사가 일방적으로 부
하를 혼내는 방법이 아닌, 부하와 대화를 나누며 그의 잘못된
행동과 생각을 바로잡아주는 방법이다. 그렇기에 쓴소리를 하는
쪽은 물론 듣는 쪽도 스트레스를 받지 않는다. 둘의 대화는 옆에
서 듣는 사람도 '저게 정말 혼내는 상황인 건가?'라고 생각할 정
도로 화기애애한 분위기 속에서 진행된다. 쓴소리를 하면 할수
록 서로를 향한 신뢰도 깊어지기 때문에 직장 분위기와 인간관
계가 좋아지는 것은 물론 회사도 일하기 좋은 곳이 된다.
　이 책에서 제시하는 방법은 다양한 유형의 부하와 문제에 따
라 적절히 활용할 수 있도록 단계별로, 또 논리적으로 구성되어

있기 때문에 누구나 쉽게 실천할 수 있는 것이 특징이다.

'혼내기가 두렵다' '쓴소리를 못 하겠다'라고 말하는 사람은 효과적인 쓴소리 방법을 모를 뿐이다. 나도 그랬다. 방법을 모르니 하지 못하는 것이 당연하다. 물론 알고 있음에도 못하는 경우 역시 있을 수 있지만, '알고 있는 것'과 '모르는 것'은 천지 차이다. 일단 이 책을 읽고 효과적인 방법을 배워보자. 그리고 실생활에서 조금씩 실천으로 옮기다 보면 언젠가 반드시 할 수 있게 될 것이다.

이 책에서 소개하는 쓴소리 대화법에는 커뮤니케이션의 모든 것이 담겨 있다. 커뮤니케이션은 조직의 핵심이고, 직원들에 대한 칭찬 등 적재적소에 커뮤니케이션을 활용하면 반드시 좋은 결과가 따라온다.

일본이화학공업日本理化学工業의 고故 오야마 야스히로大山泰弘 회장은 '인간의 행복은 다른 사람에게서 사랑받는 것, 칭찬받는 것, 누군가에게 도움이 되는 것, 필요한 존재로 여겨지는 것이며 이 모든 것은 일을 통해 얻을 수 있다'고 말했다. 이렇게 행복을 느낄 수 있는 회사를 만든다면 그곳에서 일하는 모든 직원도 보람찬 인생을 보낼 수 있을 것이다.

쓴소리의 진정한 목표는 바로 이러한 회사를 만드는 것이다. 여러분 모두가 이 책을 통해 행복한 회사생활을 해나가길 바란다.

목차

제 3 장
잘못된 쓴소리

제4장

이런 부하는 이렇게 혼내라

제 5 장
상황별 쓴소리 대화법

제 1 장
······

쓴소리는
왜 필요할까?

욱하기 전에
일단 멈추고 생각해라

●○○●

　상사의 진가는 부하직원에게 쓴소리할 때 비로소 드러난다. 부하는 해야 할 말을 하지 못한 채 어중간한 태도를 보이는 상사의 속마음을 빤히 꿰뚫어본다. 그러므로 부하를 혼내기 전에는 반드시 '혼내는 이유'를 분명히 해둘 필요가 있다.

　쓴소리는 결코 부하에게 정신적 충격을 주고 싶다거나, 자신이 부하보다 심리적 우위에 서고 싶어서 하는 것이 아니다. 부하는 상사의 쓴소리를 통해 자신의 부족한 점을 깨닫고 고치기 위해 노력하게 되며, 이러한 과정을 거치면서 성장해나간다.

　다시 말해 **쓴소리의 목적은 상대방을 성장시키는 것이다.** 쓴소리는 또한 부하를 교육하는 하나의 방법이기도 하다. 훌륭한 부하를 육성하는 것도 상사의 중요한 일 중 하나이므로, **"난 다른 사람한테 싫은 소리 하기 싫어"라 말하는 것은 상사의 의무를 회피하는 것**과 같다.

사무실에 혼자 있을 때 전화벨이 울리는 상황을 가정해보자. 그때에도 '난 전화 대응에 서투르니까'라는 이유로 그 전화를 무시할 수 있을까? 전화 받을 사람이 당신밖에 없다면 당연히 전화를 받아야 하는 것처럼 쓴소리도 마찬가지다.

또한 부하직원이 이기적이고 불성실한 태도를 보였을 때 "그 자식은 영 아니야"라며 험담을 늘어놓거나 눈살을 찌푸리고 지나쳐버리는 것도 상사로서 올바르지 못한 행동이다. 잘못된 점을 고쳐주는 것이 상사의 역할이기 때문이다. 하기 싫어서, 서툴러서 하지 않는다는 핑계는 저 멀리 치워두자.

이렇게 말하는 나 역시 예전에는 절대 좋은 상사가 아니었다. 부하직원이 있는데도 어떻게 지시를 내리면 좋을지 몰라 무슨 일이든 혼자 해치워버리는 스타일이었고, 따라서 우리 팀의 팀워크도 엉망이었다.

그러니 하물며 부하에게 제대로 쓴소리를 할 수 있었을까. 그런데 이렇게 화내지 않는 상사였던 나였음에도, 과장으로 있었던 시기에는 내가 하는 말마다 반박하던 부하직원 한 명을 크게 혼낸 적이 있다.

당시 나는 기술 직종 회사에 다니고 있었는데, 하루는 남자 부하직원 한 명이 아침부터 도면 다발들을 펼쳐놓고 있었다. 예전 것을 포함한 모든 제품에서 사용되고 있는 재료의 조사 업무를 맡았던 것이다(당시는 CAD 등 컴퓨터를 이용한 자동설계 시스템이 널리 보급되기 전이었다).

나: 창고에 있는 오래된 도면도 조사해보면 좋을 것 같은데.

부하: 창고엔 오래된 도면이 없다고 들어서요. 전부 살펴보기는 힘들 것 같습니다.

나: 설계과의 다카기 씨에게 물어보면 도면이 있는지 여부를 알려줄 걸세.

부하: 다카기 씨는 허리가 아파서 당분간 회사에 못 나오신다고 합니다. 지금 당장 물어보기는 힘들 듯한데요.

나: 설계과의 기노시타 과장한테도 물어봤나?

부하: 기노시타 과장님은 출장 중이시라 이번 주는 안 계십니다.

나: 구매과에 리스트가 있는지는 확인해봤고?

부하: 예전 서류를 얼마나 보관하고 있는지 몰라서요. 아무래도 전

부 조사하기는 어려울 것 같습니다.

이런 대화가 10분 이상 오갔고, 주위에선 30명 정도 되는 부하 직원들이 이 대화를 전부 듣고 있었다. 단단히 체면을 구겼다는 생각에 나는 '이 건방진 자식, 혼쭐을 내줘야지'라고 마음먹었다.

하지만 당시 나는 왜 쓴소리가 필요한지 그 본질을 정확히 알지 못했다. 그래서 그만 주위 사람들도 모두 들을 수 있을 정도의 큰 목소리로 이렇게 화를 내고 말았다.

"대체 뭐 하자는 거야! 아까부터 꼬박꼬박 말대꾸나 하고 말이야!"

진짜 화를 냈다기보다는 '나도 화나면 이렇게 무서운 사람이야!'라고 알려주려는 의도가 섞인, 이를테면 보여주기식 화였다. 힘으로 상대를 굴복시키려 했던 것이다. 또 한편으로는 내심 이렇게도 생각했다.

'내가 평소에 화를 안 내니까 우습게 보는 건가? 다시는 이러지 못하게 할 말은 꼭 해야겠어.'

'할 말은 꼭 해야겠어'라는 생각은 틀린 것이 아니었다. 하지만

화를 내는 것 외엔 그렇게 하기 위한 또 다른 방법이 떠오르지 않았다.

사무실은 순식간에 쥐죽은듯이 조용해졌고, 모두 내 쪽을 보고 있었으면서도 이내 못 본 척하며 눈치만 살피고 있었다. 크게 소리를 지르는 내 모습에 다들 '과장님이 진짜 화나셨나봐'라고 생각한 것 같았다. 내가 화를 내자 그 부하직원은 더 이상 반박하지 않았지만 내 맘은 영 찜찜하기만 했다.

그 뒤 그 직원과는 서먹한 관계가 되고 말았다. 당연한 일이었다. 화를 낸 사람이 느끼는 불편함은 시간이 지나면 사라지지만, 상대의 상처는 좀처럼 없어지지 않고 응어리도 오래 남는다. 그날 나는 완전히 잘못된 방식으로 화를 내버렸던 것이다.

지금 돌이켜보면 그때까지 난 단 한 번도 제대로 쓴소리하는 법을 배운 적이 없었다. 당시에는 혼내는 법을 알려주는 책도 별로 없어서, 그저 주위 사람들이 하는 모습을 보고 흉내 내는 것이 전부였다.

채찍이 아닌 당근으로 사람을 움직여라

●○○

내가 첫 직장에 입사한 것은 1979년이다. 그 시기만 해도 많은 상사들은 부하를 혼낼 때 "정신을 어디에 두고 일하는 거야!"라 소리치고 감정을 그대로 드러내며 화를 내기 일쑤였다. 비록 내가 불합리한 일로 혼났던 적은 없지만, 동료 직원이 눈물 쏙 빠지게 혼나던 모습은 아직도 기억한다. 어떤 부장은 화가 나면 회의실에서 재떨이를 던진다는 소문이 돌기도 했다. 더군다나 그 회사는 '훌륭한 기술을 가진 직원이 최고 직원이다!' '각자 기술력으로 살아남아야 한다!'라고 강조하며 개인주의적 성향을 강하게 내보이던 회사였기에 올바른 혼내는 법을 배우기가 어려운 환

경이었다.

어느 날은 이런 일도 있었다. 한 직원이 상사에게 호되게 혼난 후 회사에 출근하지 않았고, 그러자 상사가 부하의 집에까지 전화를 걸어 더 크게 화를 낸 것이다. 나는 그 모습을 보며 '저렇게까지 하는 건 좀 심한 거 아닌가?' 하며 놀라는 한편 '사람을 움직이려면 저렇게 해야 하는 건가?'라는 생각이 들기도 했다. 하지만 그 생각이 잘못된 것임은 이내 깨달았다.

내가 젊었을 때는 '채찍'으로 사람을 움직이는 것이 일반적인 관리 방법이었다.

"이번 분기 목표까지 아직 한참 멀었잖아. 못 채우면 어떻게 되는지 알지?"

이렇게 '~하지 않으면 쓴맛을 보게 될 것'이라는 협박(또는 실제적인 불이익)이 채찍으로 사람을 움직이는 방법이다. 이러한 **채찍을 이용한 관리 방법(=채찍 관리 방법)**은 단시간에 큰 효과를 본다는 장점이 있지만, 채찍이 사라지면 상대의 행동이 멈춘다는 단점도 있다.

목표가 80%밖에 달성되지 않은 상황에서 "이대로 가면 목표 달성이 힘들겠는걸. 무슨 수를 써서라도 맞춰!"라는 말을 들으면 순간적으로 집중력이 향상되기 마련이다. 하지만 목표의 99%가

달성되고 나면 '이쯤 했으니 괜찮겠지'라는 생각에 마음이 느슨해져버린다.

채찍 관리 방법 외에 사람을 움직이는 다른 방법도 있다. 바로 **당근으로 사람을 움직이는 관리 방법(=당근 관리 방법)**이다. 일을 통해 보람을 느껴본 사람은 주어진 목표를 달성한 후에도 '더 열심히 해야지' '조금 더 해볼까?'라고 생각하게 된다.

때로는 채찍 관리 방법이 필요할 수도 있다. 하지만 당근 없이 계속해서 채찍만 가하면 부하직원은 극심한 스트레스에 시달릴 것이며, 몸과 마음이 지치고 피폐해진 나머지 결국 회사를 떠나버릴 가능성도 있다. 뿐만 아니라 채찍 관리 방법은 겉으로 보이는 행동을 고치게 할 수는 있을지언정 근본적인 생각까지 바로잡을 수는 없다. 따라서 당장 눈앞에 놓인 문제는 해결될지 모르나 언제 어디서 또 다른 문제가 발생해도 이상하지 않다.

부하가 자신의 말과 행동을 스스로 돌아보게 하려면 힘으로 굴복시킬 것이 아니라, 진심으로 자신의 잘못된 행동과 생각을 인정하고 고칠 수 있게끔 쓴소리를 해줘야 한다. 그것이 바로 이 책에서 소개하는 '당근으로 사람을 움직이는 방법'이다.

사람은 상호 신뢰 없이
움직이지 않는다

●○○●

내가 부하를 혼내는 방법을 한마디로 요약하면 다음과 같다.

'칭찬을 섞어가며 혼내기'

한 번이라도 혼나본 적이 있는 사람이라면 이런 경험을 해봤을 것이다. 입은 꾹 다물고 있지만 변명이 목구멍까지 치밀어 오르고, 마음속에서는 반항심과 굴욕감 및 분노의 감정이 마구 뒤엉키는 경험 말이다. 마치 강력한 태풍이 마음속을 한바탕 휩쓸고 지나가는 것 같은 상태의 사람에겐 아무리 바른 소리를 해본

들 헛수고다. 그 말들은 모두 튕겨 나와 머릿속에 하나도 남지 않을 것이고, 그렇기에 쓴소리의 효과도 기대할 수 없기 때문이다.

하지만 혼낼 때 칭찬을 적절히 섞어보면 어떨까? 상대가 마음에 세울 장벽은 "나는 네 적이 아니야. 언제나 네 편이지"라는 말로 낮출 수 있다. 마음의 장벽이 낮아지면 쓴소리는 상대의 마음 깊은 곳까지 파고든다.

어쩌면 누군가는 '상사가 부하의 기분까지 맞춰줘야 하나?' '부하는 상사가 시키는 대로만 잠자코 하면 되는 거야'라고 생각할 것이다. 물론 이렇게 생각하는 사람의 입장도 충분히 이해할 수 있다. 또 "칭찬하는 건 너무 어려워요" "갑자기 칭찬을 하면 가식적으로 보이지 않을까요?" "아랫사람한테까지 아부해야 하나요?"라 말하는 사람도 있는가 하면 "우리 부하직원들은 죄다 엉망이어서 칭찬해줄 구석이 없어요"라며 한숨을 내쉬는 이들도 적지 않다.

이렇듯 우리는 '칭찬'을 어렵고 거창하게 생각하는 경향이 있는데, 뒤에서 자세히 설명하겠지만 칭찬이 꼭 대단한 것이어야 할 필요는 없다.

"항상 웃는 얼굴로 인사해서 참 보기 좋아."

"보고서 마무리를 늦지 않게 잘 해줘서 고맙네."

직장인으로서 남들보다 월등히 뛰어난 점이 없는 부하직원이라 해도 그저 그 사람이 회사에서 보인 좋은 행동을 칭찬하면 된다. '칭찬'보다는 '인정'이라는 말이 더 적절할지도 모르겠다. 이런 칭찬을 들은 부하는 '이분은 나를 항상 보고 계시는구나'라 생각하고 신뢰하게 된다. 그리고 신뢰 관계가 쌓이면 사람은 자연스럽게 움직이기 마련이다.

다만, 마음에도 없는 입에 발린 소리는 금세 들통날 뿐만 아니라 '이 사람은 듣기 좋은 말로 나를 이용하려 드는구나'라는 불신을 심어줄 수도 있다. 그러므로 진심도 아닌데 섣불리 칭찬하는 것은 금물이다.

쓴소리를 효과적으로 하려면 평소 부하의 행동을 잘 살펴보고 아무리 사소한 것이라도 진심으로 인정할 만한 점이 있는지 찾아야 한다.

'항상 부하의 좋은 점을 찾으라니 이건 좀 귀찮은걸' 하는 생각이 들지도 모르겠다. 고백하자면 나도 예전에는 그랬다. 회사에서는 일만 열심히 하면 되는 거지 상사나 동료직원과 왜 대화를 나눠야 한다는 건지 이해할 수 없다고, 그저 업무만 잘하면 그만이라고 생각했던 것이다. 실제로 젊고 내 밑에 부하직원이 없던 시절에는 그것만으로도 충분했다. 하지만 부하직원이 생긴 이후부턴 내 생각대로 좀처럼 일이 풀리지 않았다.

이과 출신인 나는 대학에서 기계공학을 전공한 후 엔지니어링 회사에 취직하여 원자력발전소 건설 업무를 담당했다. 모든 엔지니어가 그렇지는 않겠지만 사람보다 기계를 상대하는 일이 많았던 탓에 사람들의 감정에 둔감했고, 모든 일은 논리적으로 해결할 수 있다고 굳게 믿었었다.

첫 직장을 그만둔 후에는 고향인 기타큐슈시北九州市에 본사를 둔 주택설비기기 제조회사로 이직하여 10여 년간 공장에서 생산기술과 품질관리 등의 업무를 담당했다. 그 회사 역시 이전 직장처럼 엔지니어가 대부분이었기에 사람보다 기계와 함께 일하는 것이 편했다.

이랬던 내게 부하직원이 생기자, 나는 그때까지 고수해왔던 것과는 전혀 다른 방식이 필요하다는 사실을 비로소 깨달았다. 지시만 하면 지시하는 대로 일이 척척 풀리리라 생각했지만 실제로는 전혀 그렇지 않았던 것이다. 어떤 부하직원들은 내가 지시한 내용과 전혀 다른 일을 하거나 내가 부탁한 일을 기한까지 완성하지 못했는가 하면, 일하려는 의욕이 전혀 없는 부하도 있었다. 관리직을 대상으로 하는 연수를 통해 '조직 방침 세우기' '팀을 이끄는 방법' 등도 배워봤지만 상황은 전혀 달라지지 않았다.

그러던 중 인도네시아에 있는 관련 회사로 발령을 받았고, 나는 인도네시아 사람들 속의 유일한 일본인이 되었다. 오래전 일본인들이 미국인을 동경의 시선으로 바라보았듯, 당시 인도네시아 사람들에게 일본인은 동경의 대상이었다. 그 덕분인지 인도네시아인 사원들은 내가 무슨 일을 시켜도 "네" 하고 순순히 대답했지만 정작 일은 조금도 진행되지 않기 일쑤였다. 답답한 나머지 내가 재촉하면 사원들은 항상 "베속besok"이라고 대꾸했다. 베속은 '내일'을 뜻하는 인도네시아어니, 내일까지 하겠다는 의미였다.

하지만 시간이 흐르면서 나는 알게 되었다. 그들이 말하는 '베속'은 사전적 의미와 달리 내일 이후 기약 없는 언젠가를 뜻한다는 사실을 말이다.

코칭 이론과의
만남

●○○

내 지시가 통하지 않았던 데는 인도네시아 사람들 특유의 느긋한 국민성도 한몫했겠지만, 그것이 근본적인 문제는 아니었다. 통역 담당 직원이 있었고 대부분의 업무는 영어로 이루어졌으니 언어 문제 때문이라 할 수도 없었다.

원인은 바로 나의 일하는 방식이었다. '나는 지시를 내리는 사람, 상대는 지시를 받는 사람'이라 단정하고 기계적으로 업무를 나누어 할당했기 때문에 상대가 움직여주지 않았던 것이다. 뒤늦게나마 이런 사실을 알게 된 나는 내 행동과 생각에 커다란 결함이 있었음을 깨달았다. 그리고 그 계기가 되어준 것이 바로 코칭 이론이었다.

인도네시아에서 일했던 2000년에서 2004년 무렵, 코칭이라는 지도 스타일이 미국에서 일본으로 전해졌다. 코칭은 대화를 통해 상대의 생각과 행동을 끌어내는 접근 방법이다. 당시 나는 인도네시아에 있었지만, 일본에서 보내온 책을 읽으며 코칭을 공부하기 시작했다. 하지만 당시 코칭에 대해 정확히 이해한 것은 아니었다. 그저 '부하와 좀 더 이야기를 나눠봐야겠군' 정도로만 생각했으니 말이다.

본격적으로 코칭을 배우기 시작한 것은 일본으로 돌아와 회사가 마련해준 연수를 들으면서부터였다. 이틀간의 연수를 거치는 동안 나는 내가 지켜왔던 모든 신념이 무너지는 커다란 충격을 받았다. 사람은 논리만으로 움직이는 존재가 아니고, 상사와 부하의 관계에서도 대화를 통해 마음을 헤아려주지 않으면 상대는 절대 움직이지 않는다는 사실을 그제야 깨달았기 때문이다.

그때 나는 이미 52세였다. '이렇게 중요한 사실을 왜 여태까지 모르고 있었을까' 하는 마음이 들면서 회사원으로 지내왔던 그때까지의 세월이 후회스러워졌다. 그때부터 나는 마치 과거를 보상받기라도 하려는 것처럼 열심히 코칭을 공부했다. 그리고 마침내 미국 NLP* 협회에서 인정하는 NLP 트레이너 어소시에이트

자격증까지 취득했다.

코칭을 배우기 전까지 나는 다른 사람들의 마음에 무관심한 편이었다. 하지만 코칭 이론은 매우 논리적이었고, 이과 출신인 나도 논리정연한 설명을 통해 마음이라는 우뇌적 세계를 이해할 수 있었다. 그 덕에 사람의 마음을 이해하는 것의 중요성도 깨달 았고 말이다(여담이지만, 이론적으로 마음을 이해했다는 점에서 나는 나 자신을 '좌뇌로 우뇌를 이해한 남자'라고 부른다).

또한 코칭을 접하기 전의 나는 다른 이들의 감정에도 흥미가 없었고, 상대가 어떤 기분인지 상상하지 못해 둔감한 사람이었 다. 얼마나 둔했는가 하면, 말 속에 숨겨진 본심을 헤아리지 못하 고 상대가 한 말을 곧이곧대로 받아들인 나머지 대화가 엉뚱하 게 흘러간 적도 있을 정도였다.

한번은 이런 일도 있었다. 첫 직장에서 새로운 기계의 도입 업 무를 담당하게 되었는데, 기계의 시공요령서 작성도 내가 맡은

---

* Neuro Linguistic Program(신경언어프로그램)의 약자로, 사람의 행동과 마음에 대 한 이해를 바탕으로 상대를 변화시키는 상담과 코칭 및 심리치료 기법임.

일들 중 하나였다. 그런데 하루는 다른 프로젝트를 담당하는 팀원 중 한 명이 내게 물었다.

"이번에 내가 담당하는 프로젝트에서 어떤 설비를 들여오려고 준비 중인데 자네가 진행하는 프로젝트 자료도 참고하고 싶어. 혹시 공사기준서가 있다면 내가 좀 볼 수 있을까?"

내가 작성한 문서들 중에 '시공요령서'라는 것은 있었지만 그가 말하는 '공사기준서'는 없었다. 나는 명칭이 다르니 그 두 문서는 당연히 다를 것이라 생각해서 이렇게 답했다.

"공사기준서? 그런 건 없는데."

나중에야 알았지만 그는 시공에 대한 기준이나 요령 등의 정보를 수집하고 있었다. 서류의 명칭은 다르지만 내가 작성한 시공요령서도 그에게 필요한 정보였을 텐데 나는 그런 문서가 없다고 답했던 것이다. 이야기의 맥락과 상대의 의도를 살피지 않은 채 단어 그 자체에만 집착한 탓이었다. 지금의 내가 그 상황으로 돌아간다면 이렇게 말할 것이다.

"공사기준서라는 문서는 없지만 시공요령서라면 작성해놓은 게 있어. 어떤 정보가 필요한 건데?"

이처럼 예전의 나는 사람들의 말 속에 숨겨진 진심을 전혀 헤아리지 못하는 사람이었다.

사람은 입으론 "네"라고 대답하지만 마음속으로는 "아뇨"라고 할 때도 있다. 마지못해 하는 "네"도 있는가 하면, 진심에서 우러나오는 "네!"도 있다. 하지만 나는 '네=OK'라고 무조건 믿었을 뿐 아니라 그 외의 가능성에 대해선 전혀 생각하지 않았다.

일반화할 의도는 없지만 나처럼 사람의 마음을 헤아리지 못하는 사람 중에는 남성이 많다. 상대적으로 여성은 대개 상대의 마음을 이해하고 진심을 읽는 데 능숙한 듯하다. 앞서 말한 것처럼 이과 출신에 계속 기계를 상대했었다는 사실, 여성이 없진 않았지만 남성이 훨씬 많았던 직장 환경도 내가 마음을 대수롭지 않은 것으로 여기게 된 이유일 수 있겠다.

이런 나와 달리 내 아내는 완벽한 우뇌파라서 자신의 생각을 곧장 말로 표현한다. 집에서는 누구나 자유롭게 말하기 마련이지만, 나는 아내의 자유분방한 대화 스타일에 좀처럼 적응할 수 없다. 아내가 사물의 이름이나 표현을 틀리게 말하면 그 말이 신경 쓰여 지적하지 않고는 못 배기는 것도 그 때문이다.

하루는 아침 일찍 교외에 있는 유명한 카페에 갔는데 주차장이 이미 절반 가량 차 있었다. 그 광경을 보고 아내가 말했다.

"와, 벌써 꽉 찼네."

나는 마음속으로 '뭐? 아직 반 정도밖에 안 찼는데?'라고 생각하면서 "꽉 차 있다고? 아직 자리 많잖아. 한참 더 들어올 수 있겠네"라고 대꾸했다.

아내는 또한 갑자기 아무런 예고도 없이 대화의 화제를 바꿔버린다. 집에서 TV를 보며 식사하던 중 이런 대화가 오간 적이 있다.

아내: 이거 면발이 꼬들꼬들해서 맛있네.

나: 그러게. 정말 맛있다.

아내: 이런 국물에는 역시 조금 굵은 면발이 잘 어울려.

나: 식감도 아주 좋은데.

아내: 정말 가늘다.

나: 응? 뭐가?

아내: 저기 나오는 배우의 다리 말이야(라며 TV에 나오는 여배우를 바라본다).

나: 뭐야, 갑자기 그런 얘길 하면 못 알아듣잖아.

뜬금없이 화제가 변해버려 나는 나도 모르게 짜증을 내고 말았다. 하지만 아내의 시선이 식탁에서 TV로 옮겨 갔을 때 이미

그녀의 관심이 TV를 향했다는 사실을 알아차리지 못한 내 잘못도 솔직히 있다.

    이 책은 이렇게 논리에만 집착하고 사람의 감정에 둔감했던 내가 고안해낸 쓴소리 대화법을 알려준다. 기초 단계부터 논리적으로 구성되어 있기 때문에 각자의 상황에 맞춰 활용하기가 쉬울 것이다. 모든 사람에게 유용하겠지만, 특히나 나처럼 둔한 남성이라면 더욱 큰 효과를 볼 것이라는 점 하나만큼은 자신 있게 말할 수 있다.

조직을 구성하는
세 가지 요소

●○○●

미국의 경영학자 체스터 버나드Chester Barnard는 회사 같은 공적 조직이 성립되는 데는 세 가지 요소가 필요하다고 말했다.

첫 번째 요소는 '공통 목적'이다. 모든 조직에는 그 조직이 무엇을 위해 존재하는가에 대한 공통의 목적이 있어야 하고, 구성원들은 조직에 기여하려는 '기여 의욕'을 가져야 한다. 이러한 '공통 목적'과 '기여 의욕'은 구성원들의 '커뮤니케이션'을 통해 실현된다.

과거의 나는 직장에서 다른 이들과 대화해야 할 필요성을 느끼지 못했다. 제대로 일하는 것이 최우선이고, 직장에서의 인간관계는 부가적인 요소에 불과하다고 여겼기 때문이다.

한편 또 다른 경영학자 로버트 카츠Robert Katz는 '대인관계 능력human skill'이 '업무수행 능력technical skill' 및 '개념화 능력conceptual skill' 등과 같

카츠의 역량 모델

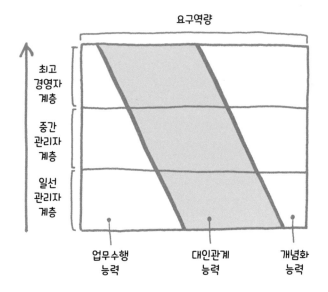

요구역량

최고
경영자
계층

중간
관리자
계층

일선
관리자
계층

업무수행
능력

대인관계
능력

개념화
능력

* 사람들 간의 커뮤니케이션, 프레젠테이션, 협상 등과 관련된 대인관계 능력은 포지션과 상관없이 중요한 능력이다.

은 업무 능력과 똑같이 중요하다고 주장한다. 그 내용을 표로 정리한 것이 1950년대 카츠가 발표한 '역량 모델'이다.

이 모델에 따르면 같은 관리직이라 해도 직급이 낮은 경우에는 상품에 대한 풍부한 지식이나 전산 능력, 기술 지식 등 업무수행 능력이 주로 요구되는 반면 기획 제안이나 문제해결 같은 개념화 능력은 크게 중요 치 않다. 하지만 직급이 올라가면 이 두 능력의 비율이 뒤바뀐다. 이에 반해 커뮤니케이션, 프레젠테이션, 협상 등과 관련 된 대인관계 능력은 직급과 상관없이 중요하다.

지금까지 일본 기업들은 직장에서의 업무수행 능력과 개념화 능력에 비해 대인관계 능력을 경시해왔다. 하지만 대인관계 능력은 처음으로 부하직원을 두게 된 초보 관리직은 물론 베테랑 관리직들에게도 꼭 필요한 능력이고, 절대 부가적인 요소가 아니라는 사실을 우리는 명심해야 한다.

제 2 장
· · · · · · ·

좋은 쓴소리에는
'형식'이 있다

쓴소리의
심리적 장벽 허물기

●○○●

익숙해지기 전까지는 쓴소리를 하는 일이 어렵게 느껴질 수 있다. 잘못된 쓴소리 탓에 인간관계가 껄끄러워질 수도 있기 때문이다. 그렇기에 아무 준비 없이 무턱대고 혼내는 것은 위험하다. 제대로 된 쓴소리를 하려면 지식과 준비가 필요하다.

먼저 우리가 쓴소리와 관련하여 무의식적으로 느끼는 죄책감과 거부감을 없애기 위해 다음과 같은 점을 살펴보자.

1. 혼내는 목적에 대한 이해
2. 자신의 역할에 대한 이해

3. 사람의 심리에 대한 이해

첫 번째로 우리가 이해해야 하는 것은 '혼을 내는 목적'이다. 앞서 말했듯 쓴소리의 가장 큰 목적은 부하의 성장이다. 그리고 이를 위해선 구체적인 목표 세 가지를 명심해야 한다.

부하의 생각과 행동을 고친다

아무리 우수한 부하직원이라도 완벽할 수는 없기에 실수도 할 것이고, 미숙한 부분도 당연히 있을 것이다. 자신의 부족한 점을 스스로 깨닫고 고칠 수 있다면 좋겠지만, 그렇지 못하다면 상사는 부족한 점을 지적해줌으로써 부하직원을 도와야 한다.

부하가 성장하고 변화할 가능성을 열어준다

올바른 방법으로 혼내면 부하는 반드시 성장한다. 상사에게 지적받은 생각과 행동을 개선해나가면 그만큼 발전하기 마련이다. 부모가 자식을 훈육하는 것과 마찬가지로, 무조건 어리광을 받아주는 것만이 사랑은 아니다.

부하의 의욕을 끌어낸다

혼을 내면 부하의 의욕이 떨어지지 않을까 염려할 수도 있다. 하지만 이 책에서 제안하는 쓴소리 방법에선 부하의 장점을 인정함은 물론 칭찬의 말도 함께 건넨다. 때문에 부하직원은 상사로부터 뼈아픈 지적을 받아도 수긍할 수 있을 뿐 아니라 오히려 '이런 점까지 보고 계시는구나. 기대해주시는 만큼 열심히 해야지'라고 생각하게 된다.

두 번째로 우리가 이해해야 하는 것은 '자신의 역할'이다.

쓴소리는 상사의 역할이라는 점을 절대 잊지 말자. 쓴소리는 다른 누군가가 아닌 당신이 책임자로서 꼭 해야만 하는 일이다. 그렇기에 서투르다는 이유로 그 역할을 회피해서는 안 된다.

마지막으로 이해할 것은 '사람의 심리'다. 보통의 사람들은 어떤 일에 어떤 반응을 보일까? 어떻게 말을 해야 우리가 전하고자 하는 바를 오해 없이 상대에게 전달할 수 있을까?

이 책에서는 상황에 따른 사람의 심리변화를 설명한다. 설명을 읽으며 '이렇게 말하면 오히려 기분 나빠할지도 몰라' '이렇게 말을 해야 진심이 전달되는구나'라고 느끼다 보면 자연스럽게 사람의 심리도 이해하게 될 것이다. 상대의 마음을 헤아리는 것이 가능해지면 쓴소리를 하는 일도 예전보다 쉬워진다.

주관적 생각은 버리고
객관적 사실만을 혼내라

●○○●

부하를 혼내기 전에 반드시 염두에 두어야 할 몇 가지가 있다. 그 첫 번째는 '사실은 하나가 아니다'라는 점이다.

예를 들어 A라는 사원이 매주 다른 부서와 함께하는 회의에 30분 늦게 도착했다고 가정해보자. 그 사원은 이번 주뿐 아니라 지난주에도 회의에 지각했다. 상사의 입장에서 보면 'A는 시간약속을 못 지킨다' 'A는 회의를 중요하게 여기지 않는다' 'A는 게으르다' 등의 생각을 할 수 있다.

하지만 이 일에 대한 객관적 사실은 'A 사원이 2주 연속 회의에 지각했다'가 전부다. '시간약속을 못 지킨다, 회의를 중요하게 여기지 않는다, 게으르다' 같은 생각은 상사가 느끼는 주관적 사실, 즉 해석과 평가에 불과하다는 뜻이다. 객관적 사실과 주관적 사실을 구분하지 않은 채 혼을 내면 "너는 도대체 회의를 뭘로 생각하는 거야!" "일할 생각이 있는 거야, 없는 거야!"처럼 자신만의 주관적 사실을 바탕으로 부하를 혼내게 된다.

그러나 **상사만 주관적 사실을 갖는 것은 아니다. 당연히 사원에게도 주관적 사실은 있다.**

'회의 시간은 알고 있었지만 중요한 거래처에서 클레임 전화가 걸려온 터라 도중에 끊을 수가 없었다(거래처를 우선시하는 것이 옳다).'

'여유 있게 집에서 출발했지만, 자동차 사고가 나서 늦었다(불가항력).'

그런데 이런 사실과 상관없이 회의를 중요하게 여기지 않는다거나 게으르다며 상사가 자신만의 주관적 사실에 집착해 부하직원을 혼내다 보면 이내 이런 생각에까지 이른다.

'우리 팀 사원이 늦어버리면 같이 회의하는 다른 팀 사람들에게 내 체면이 안 서잖아.'

'나를 우습게 생각하는 건가?'

주관적인 해석과 평가 때문에 욱하는 감정까지 치밀어 오르는 것이다. 그래서 자신도 모르게 이런 말이 입 밖으로 튀어나오기도 한다.

"좀 제대로 못 하겠어?"

"자네 요즘 너무 느슨해진 거 아니야?"

이처럼 무작정 감정만을 앞세워 혼낼 경우, 부하는 자신이 혼나는 이유를 수긍하기 어려울 뿐만 아니라 반발심만 갖게 된다.

그렇기에 **쓴소리는 어디까지나 객관적 사실에 대해서만 이루어져야 한다.** 상사가 해석과 평가를 하고 감정을 갖는 일이 나쁘다는 뜻은 아니다. 다만 감정을 그대로 드러내는 것은 쓴소리의 효과를 높이는 올바른 표현 방법이 아니라는 의미다. 좋은 표현 방법에 대해서는 뒤에서 따로 살펴보기로 하자.

'무엇이 잘못되었는가'
'어떻게 고쳐야 하는가'를
구체적으로 전달해라

●○●

누군가로부터 다짜고짜 "지금 뭐 하는 거야!"라며 혼나본 경험이 있는가? 무슨 일로 혼나는지를 모르면 반성하는 마음이 드는 것이 아니라 오히려 반항하고 싶어지기 마련이다. 그러므로 쓴소리를 할 때는 혼내는 이유에 대해 서로 확인하는 절차가 필요하다.

"지난주와 이번 주 연속으로 회의에 늦었지?"처럼 그 이유를 구체적으로 지적해야만 부하는 자신이 지금 무엇 때문에 혼나고 있는지 정확히 파악할 수 있다. 쓴소리를 할 때 당연히 부하도 알 것이라 여기고 이유를 말하지 않는 상사들이 꽤 있는데, 그건 자기 혼자만의 생각이다. 혼나는 부하의 입장에서는 '저번에 그일 때문인가?' 하고 추측하면서도 자신의 잘못 때문이란 생각을 못하거나 대수롭지 않게 여긴 채 넘겨버릴 수도 있기에 상사는 반드시 이유를 구체적으로 전달해야 한다.

"어제 오후에 이런 일이 있었는데……"

"그저께 낮에 손님 앞에서 핸드폰을 보고 있었지?"

"지난주 금요일 거래처에 방문할 때 명함을 안 가져갔었지?"

이렇게 혼내는 이유가 된 일이 발생했던 날짜와 시간을 특정하고, 어떤 행동이 문제였는지를 명확히 밝히는 것이다. 이때 "그렇게 준비성이 없어서야……"라든가 "제발 정신 좀 차리고 일하게" 등과 같은 불필요한 말은 자제하고, 있는 그대로의 사실만을 이야기하는 것이 중요하다.

그다음엔 자신의 '해석과 평가'를 덧붙인다. 여기에서 주의해야 할 점은 **상대를 주어로 한 'You 메시지'가 아니라 '나'를 주어로 한 'I 메시지'로 말해야 한다**는 것이다. You 메시지를 사용하면 "자네 요즘 좀 느슨해진 것 같아"처럼 단정짓는 표현이 되기 쉬운 반면, I 메시지를 사용하면 '내 눈에는 이렇게 보였다' '나는 이렇게 느꼈다'는 의미가 된다.

"내 눈에는 요즘 자네가 좀 해이해진 것처럼 보여."

"나는 자네가 회의를 중요하게 생각하지 않는 것 같아."

이렇게 이야기하면 사실을 있는 그대로 전할 수 있으며, 상대를 주어로 하지 않기 때문에 단정짓는 말처럼 들릴 우려도 없다. 다음은 I 메시지를 다양한 형태로 활용한 예다.

"나는 ~라고 생각해."
"내 눈에는 ~하게 보여."
"내게는 ~라고 들려."
"나는 ~라고 느껴져."

한편 일본어나 한국어에서는 주어가 생략되는 경우가 많고 그렇게 말하는 편이 더 쉽게 느껴질 수 있다. 그럴 때도 "(나는) ~라고 생각했어" "(내 눈에는) 이렇게 보였어" "(나한테는) 이렇게 들렸어" "(나는) ~하게 느꼈어"처럼 적절한 동사를 사용해 I 메시지의 느낌을 살린다.

왜 이렇게까지 신경 써서 말을 해야 할까? 그 이유는 바로 부하에게는 부하만의 사정이 있고, 그렇기에 같은 일도 다르게 생각할 수 있기 때문이다.

하나의 일에 대한 해석과 평가에는 그 사람 자신의 가치관과 사고방식이 영향을 미친다. '무슨 일이 있어도 회의에 늦으면 안 된다'라는 가치관을 가진 사람에겐 회의에 지각하는 것이 용납되지 않는 사안일 수 있다. 하지만 그것은 어디까지나 그 사람만의 생각일 뿐이다. 다른 사람은 '사내 회의보다 거래처를 우선시해야 한다'는 가치관을 가지고 있을 수도 있다는 뜻이다.

해석과 평가로 인해 감정이 생기는 것도 가치관과 밀접한 관련이 있다. 상대가 자신의 가치관에 맞는 행동을 해주리라는 기대에서 비롯되는 것이기 때문이다.

'다른 사람도 아닌 내 부하가 회의에 절대 늦을 리 없어.'

이러한 기대가 어긋나면서 욱하는 감정이 치밀어 오르는 건데, 사실 이는 자신이 멋대로 품은 기대이므로 부하와는 아무 관계도 없는 감정이다.

그런데 이렇게 자신의 기대에서 비롯된 욱하는 감정을 **"너는 왜 항상 회의에 늦는 거야!" "넌** 시간관념이 너무 없어"라는 식의 **You 메시지**로 전달하면 부하는 부당함을 느낄 수밖에 없고 반발심만 커진다.

이럴 때 **"내 눈에는** ~처럼 보였어"처럼 I 메시지로 말을 꺼내면 부하는 '그렇게 보일 수도 있겠구나'라는 생각에 자신의 행동을 되돌아볼 여유가 생긴다.

상대를 부정하는 말(You 메시지)이 아닌, 상대의 말과 행동에 대해 내가 생각한 바
(I 메시지)를 전하자.

I 메시지로 해석과 평가를 전달한 다음 해야 할 일은 "다음부턴 회의 시작 5분 전에 회의실에 와 있어주게"처럼 요구사항을 말하는 것이다. "앞으로는 ~해줬으면 좋겠어"라는 말로 재발을 방지하거나 "고객에게 사과 드리게"라고 사후 처리를 지시하는 등 상황에 따라 다양한 요구사항을 제시할 수 있다.

　하지만 이러한 요구사항들이 꼭 구체적이어야 할 필요는 없다. 앞으로 어떻게 하면 좋을지를 상대가 스스로 생각하게끔 만들고, 자기 자신이 결정할 수 있는 여지를 남겨두는 것도 중요하기 때문이다.

화를 가라앉히고
혼낼 준비를 해라

●○○

지금 당장 혼내고 싶은 마음이 치밀어 올라도 그 자리에서는 혼내지 않는 것, 이 또한 중요한 원칙이다. 당일 저녁 또는 이튿날 점심시간 등 반나절에서 하루 정도의 시간이 지난 후 혼내는 것이 바람직하다. 그 시간을 이용해 사실을 정리하거나 화를 가라앉혀보자. 준비가 다 되면 회의실 등으로 해당 부하직원을 부르고, 단둘이 있는 자리에서 혼낸다.

준비할 때는 머릿속으로 이것저것 생각하지 말고 노트 등에 글로 쓰는 것이 좋다. 특히 57~58쪽에 있는 그림처럼 항목별로 적어나가면 정리가 쉬워지면서 감정적인 상태에 이르는 상황을

쓴소리 준비 시트

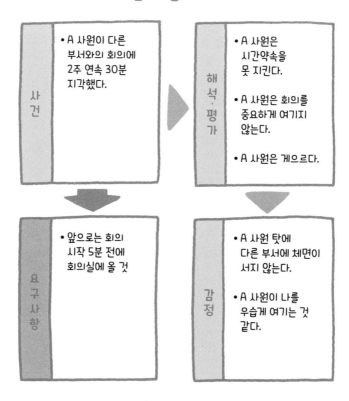

사건	• A 사원이 다른 부서와의 회의에 2주 연속 30분 지각했다.	해석·평가	• A 사원은 시간약속을 못 지킨다. • A 사원은 회의를 중요하게 여기지 않는다. • A 사원은 게으르다.
요구사항	• 앞으로는 회의 시작 5분 전에 회의실에 올 것	감정	• A 사원 탓에 다른 부서에 체면이 서지 않는다. • A 사원이 나를 우습게 여기는 것 같다.

부하직원 A가 회의에 2주 연속 지각한 경우

쓴소리 준비 시트

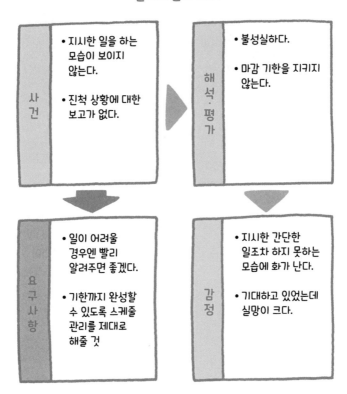

사건	해석·평가
• 지시한 일을 하는 모습이 보이지 않는다. • 진척 상황에 대한 보고가 없다.	• 불성실하다. • 마감 기한을 지키지 않는다.

요구사항	감정
• 일이 어려울 경우엔 빨리 알려주면 좋겠다. • 기한까지 완성할 수 있도록 스케줄 관리를 제대로 해줄 것	• 지시한 간단한 일조차 하지 못하는 모습에 화가 난다. • 기대하고 있었는데 실망이 크다.

지시한 일을 하지 않는 부하의 경우

방지하고 이성적으로 혼낼 수 있다.

앞서 설명했듯, 우리는 사건을 파악할 때 '객관적 사실'과 '주관적 사실(해석과 평가, 감정)'을 모두 포함해 생각하기 쉬우므로 이것들을 정확히 구별해야 한다. 해석과 평가를 이야기하지 말라는 것이 아니라 효과적인 방법으로 전달해야 한다는 뜻이다. 감정도 전부 숨길 필요는 없다. 대신 분노를 전달할 때는 평소보다 냉정한 목소리로 말한다.

"얼마 전에는 정말 화가 나더군."

"그때는 정말 어처구니가 없었어."

"정말 실망했네."

이렇게 이성적으로 이야기하면 부하도 잘못의 중대함을 느낄 것이다. 분노와 실망은 상대로 하여금 자신의 말과 행동이 갖는 심각성을 환기하는 효과가 있기 때문이다.

단, '감정을 감정적으로 드러내는 것'은 금물이다. 분노 그 자체를 가라앉히고 화가 나지 않은 상태에서 차분하게 말하는 것이 중요하다.

그럼에도 순간적으로 욱해서 자신도 모르게 그 자리에서 소리를 지를 수 있는데, 이렇게 해버린 경우에도 만회는 가능하다. 반나절에서 하루 정도 시간을 두고 정식으로 혼내는 자리를 마련하는 것이다. "조금 전에는(혹은 어제는) 내가 너무 흥분했었던 것 같아. 미안하네. 다시 그 일로 이야기를 나누고 싶은데 지금 시간 괜찮나?"라고 말을 건네는 것만으로도 상황을 되돌릴 수 있다. 나는 이런 상황을 '2단계 쓴소리'라고 부른다.

일본의 앵거 매니지먼트 협회(미국의 내셔널 앵거 매니지먼트 협회의 일본 지부로, 살기 좋은 사회를 만들고 보다 건강한 생활을 영위하기 위한 분노 조절 방법을 연구하는 단체_옮긴이)에서는 분노를 조절하는 방법으로 **화가 나면 6초 기다리기**'를 제안한다. 아무리 심한 분노라 해도 6초 정도의 시간이 흐르면 어느 정도 가라앉기 때문이다. 때문에 부하가 잘못된 행동을 했을 때에도 그 즉시가 아닌, 일단 시간을 가진 뒤엔 화를 가라앉힌 상태에서 혼낼 수 있다.

6초 정도를 기다린 뒤 자신이 느꼈던 분노나 자신도 모르게 튀어나오려던 감정적 말은 마음속 깊이 묻어두고 "기대했는데 정말 유감이군"처럼 자기가 느꼈던 감정만을 떠올리며 이성적으로 말해보자. 이때 "얼마 전에는" "그때는"과 같은 말로 특정 시간을 강조하면 보다 현명하게 감정을 전달할 수 있다. 그 말은 곧 '지금은 아무렇지 않다'는 것을 뜻하기 때문이다.

또 하나, 감정을 전달하는 것이 나쁜 일은 아니지만 이런 면에서 주의가 필요한 사람은 있다. 바로 **감정을 전달하다가 점점 당시의 기분이 되살아나 자신도 모르게 흥분해버리는 사람**이다. 이런 사람은 NLP 심리학에서 제안하는 '시점 바꾸기' 방법을 활용해 보면 좋다.

시점 바꾸기 방법은 마치 유체이탈을 한 것처럼, 이야기를 나누고 있는 자신과 상대의 모습을 제3자의 시선으로 살펴보는 것이다. NLP 심리학에서는 사건, 사물에 대한 주관적 인식을 어소시에이트associate, 객관적 인식을 디소시에이트dissociate라고 일컫는다.

부하와 이야기를 하며 머리끝까지 화가 났을 때는 자신을 디소시에이트해서 바라보자. 드론을 통해서 혹은 10층 높이에서 자신의 모습을 내려다보고 있다고 상상하는 것이다. 그러면 '도대체 나는 왜 저렇게 혼자 흥분하고 있는 거지?' 하는 생각과 함께 감정적으로 격앙된 자신의 모습을 객관적으로 바라볼 수 있다.

내면적인 부분은
절대 혼내지 마라

●○○

객관적 사실과 주관적 사실을 구분하고 객관적 사실을 You 메시지로, 자신의 해석과 평가 및 감정을 I 메시지로 전달하는 것은 논리적인 전달 방법이다. 이런 방법으로 조곤조곤 설명해주면 혼나는 사람도 머리로는 자신의 잘못을 이해할 수 있다.

그러나 그러한 설명을 진심으로 받아들일 수 있는가는 또 다른 문제다. 물론 불합리한 일로 혼내거나 다짜고짜 소리부터 질러대는 경우보다야 낫지만, 부하의 마음 깊은 곳에서는 여전히 수긍이 어려울 수도 있다. 상사 입장에선 논리적 접근과 더불어 심리적 접근이 동시에 이루어져야 하는 이유가 바로 이것이다.

여기에서 알아두어야 할 점이 있으니, 사람에게는 내면과 외면이 존재한다는 사실이다.

내면은 사람의 마음속을 가리킨다. 자기인식(정체성), 인격, 사고방식, 소중히 여기는 가치관, 어떤 일을 할 때는 이러이러게 해야만 한다는 신념 등이 내면이라 할 수 있다. 상사가 "네 사고방식은 잘못됐으니 당장 고쳐!"라고 말한다면 이는 부하직원의 내면에 대한 공격과 다름없다. 내면을 공격당하면 사람은 누구든 자신을 보호하기 위해 높은 장벽을 쌓는다. 귀를 닫아버린 채 무슨 말을 해도 들으려 하지 않는다.

따라서 부하를 혼낼 때도 절대 그의 내면을 건드려서는 안 된다. 설사 본인이 자신의 내면에 문제가 있다고 생각한다 해도 지적은 금물이다. 어떤 상황에서도 중요한 것은 그 사람의 내면을 인정해주는 것이다.

혼내도 되는 것은 행동이나 행동에 대한 결과, 태도와 같은 외면적인 부분뿐이다. 상대에게 고치도록 요구할 수 있는 부분도 마찬가지다. 상사로서 부하의 내면을 바로잡고 싶다는 생각이 들 수도 있겠지만, 외면이 일단 바뀌면 겉으로 드러나지 않는 내면이 어떤 모습이든 회사 입장에선 별로 상관하지 않는다. 또한 외면적인 부분에 대한 쓴소리를 계속하다 보면 신기하게 내

면이 자연스레 조금씩 변하기도 한다.

혼내는 대상에서 내면은 제외해야 하니 '거짓말쟁이' '쓸모없다' '무능력하다' 등과 같이 상대의 인격을 부정하는 말도 당연히 피해야 한다. 진심으로 그렇게 생각한다 해도 절대 입 밖으로 꺼내서는 안 된다는 뜻이다. 쓴소리를 할 때는 어디까지나 눈에 보이는 외면만을 혼내도록 한다.

본인의 인격과 상관없는 부분을 지적받으면 혼나는 당사자 입장에서도 그 지적을 받아들이기가 한결 쉬워진다. 상대의 자존심을 짓밟지 않고, 상대의 인격을 부정하지 않음은 물론 오히려 지지하고 긍정까지 해주면 더욱 좋다.

예를 들어 약속시간 따위는 지킬 필요가 없다고 생각해 지각을 밥 먹듯이 하는 부하직원이 있다고 가정해보자. 이 부하의 내면에는 분명 문제가 있지만, 상사가 혼낼 때는 '시간관념이 없다'는 내면적인 부분을 건드리면 안 되고 오히려 그것을 존중하고 지지해줘야 한다. 단, '약속시간을 지킬 필요가 없다'는 가치관은 존중하기 어려우니 이 부분에 대해서는 굳이 언급하지 않고, 그 대신 내면의 다른 장점을 찾아내 칭찬해주면 된다.

"항상 무슨 일이든 솔선수범해줘서 고맙네. 자네가 있어서 참 다행이야."

이렇게 그 사람의 내면에서 칭찬할 거리를 찾는 것이다. 바로 잡고 싶은 내면이 있더라도 일단 그건 옆으로 치워두고 다른 부분을 칭찬해준 다음, 객관적 사실을 지적하자.

"그런데 지난주도 그렇고 이번 주에도 늦잠을 자서 지각했지?"

사실은 내면을 바꿔야 고칠 수 있는 문제라 해도 정작 그런 내면을 지적하면 반발심만 커질 수 있다. 그러니 일단은 좋은 점을 칭찬하고, 지각한 행동만을 지적하자. 그러면 본인도 스스로 반성하고 잘못된 행동을 고치기 위해 노력할 것이다.

또한 부하가 '이분은 나를 인정해주시는구나. 내 좋은 점을 알아봐주시니 이분 말씀은 더 귀담아들어야지'라고 생각하게 이끎으로써 그가 마음의 장벽을 낮추고, 스스로 자신의 내면을 변화시키도록 만들 수도 있다. 상대의 내면을 인정하고 지지해주는 것은 그만큼 중요한 일인 것이다.

더불어 자기인식에 호소하는 것도 상대의 내면을 바꾸는 효과적인 방법이다.

"올해부터 과장으로 승진도 했으니 젊은 사원들에게 모범을 보여야 하지 않을까?"

"난 자네와 함께 이 팀을 이끌어나가고 싶어. 자네라면 충분히 할 수 있다네!"

이렇듯 새롭게 자기를 인식할 수 있게끔 돕는 말을 건네는 것
만으로도 변화의 계기를 제공할 수 있다.

내면에 대한 칭찬을 위해
평상시 모습을 살펴라

●○○

어쩌면 이쯤에서 문제가 생길 수도 있겠다. 막상 혼내려는 부하에게서 칭찬거리를 찾으려니 영 어렵다는 문제 말이다. 하지만 장점이라고는 아무리 눈 씻고 찾아봐도 없다고 여겼던 대상도 잘 찾아보면 장점 하나쯤은 갖고 있기 마련이다. 그리고 그런 면을 찾아내려면 평상시에도 부하를 잘 살펴보아야 한다.

"자네가 우리 팀 분위기 메이커잖나!"

"알게 모르게 동료들의 일까지 도와주고 있다는 거, 다른 사람은 몰라도 난 잘 알고 있네."

"자네가 사소한 부분까지 챙겨주니까 다른 팀원들도 다 자넬 좋아하는 거야."

이렇게 '당신은 직장에서 꼭 필요한 사람'이라는 점을 강조하면 칭찬의 힘은 더욱 커진다.

내면의 장점을 전달할 때는 I 메시지로든 You 메시지로든 상관없이 '자네는 ~하다'라고 단정지어도 무방하다. 어떤 식으로 말하든 칭찬은 듣는 사람을 기쁘게 하기 때문이다. 혹 자신이 전혀 생각지도 못했던 부분에 대해 칭찬을 들었다 해도 '아, 다른 사람들 눈에는 그렇게 보이는구나'라고 생각할 것이다.

내면을 칭찬하는 목적은 부하를 기분 좋게 만들어주는 것이 아니라 '나는 적이 아닌 아군'이라는 메시지를 전달하는 것이다. 따라서 부하의 내면에서 좋은 점을 찾으면 그 장점에 긍정적 평가를 덧붙여 칭찬해주는 것이 좋다.

부하가 잘못했을 때는 혼내는 것이 당연하지만, 상사의 기본적 도리는 부하의 내면을 지지하고 긍정하며 수용 및 용인을 해주는 것이다. 하지만 내면을 칭찬하는 것은 사실 의외로 어려운 일이다. 바로 어제까지 무뚝뚝한 얼굴만 보였던 있던 상사가 뜬금없이 "자네는 참 배려심이 많군"이라며 칭찬하면 설득력이 떨어진다. 오히려 "부장님 어디 편찮으신 거 아니야?" 하며 부하들이 수군댈 수도 있다.

칭찬을 잘하려면 '대화의 흐름'을 타야 할 뿐만 아니라 '대화의 기술'도 필요하다. 뒤에서 설명할 '쓴소리 시나리오'를 참고로 하면 '대화의 흐름'이 어떤 느낌인지 바로 알 수 있다. 지금부터는 '대화의 기술'에 대해 구체적으로 살펴보자.

대화의 기술에서 중요한 것은
'경청'과 '질문'

●○●

경청은 단순히 듣는 것이 아니다. '들을 청聽'이라는 한자를 자세히 들여다보면 '귀 이耳'와 '마음 심心' 그리고 옆으로 누운 '눈 목目'이 합쳐져 있는 형태임을 알 수 있다. 즉, 귀만이 아닌 눈과 마음으로도 상대의 이야기를 이해하려 노력한다는 의미다. 이처럼 경청은 다음과 같은 몇 가지 포인트가 복합적으로 어우러진 기술이라 할 수 있다.

경청할 때는 말과 태도가 일치해야 한다. 전문적으로 말하자면 언어 메시지와 비언어 메시지를 일치시켜야 한다는 뜻이다. 언어 메시지란 말 그대로 언어를, 비언어 메시지는 표정과 자세, 제스처 등을 의미한다. 쉬운 기술처럼 보이지만 생각보다 이 두 가지가 서로 조화를 이루지 못해 위화감을 형성하는 경우가 많다.

부하가 작성한 보고서를 받아서 살펴본 상사가 "이번 보고서는 아주 잘 썼는데? 특히 고객의견란이 좋군"이라며 칭찬하는 상황을 생각해보자. 상사가 보고서를 바라보거나 웃는 얼굴로 부하와 눈을 맞추며 칭찬하면 아무런 문제도 없다. 그런데 상사가 핸드폰만을 뚫어지게 바라본 채, 혹은 미간을 잔뜩 찌푸린 험상궂은 얼굴로 말한다면 언어 메시지와 비언어 메시지가 일치하지 않기 때문에 뭔가 부자연스럽다. 칭찬을 받는 부하도 '지금 칭찬하시는 거 맞나?'라며 의심쩍어할 것이고 말이다.

이처럼 언어 메시지와 비언어 메시지가 일치하지 않은 상태에서 하는 말은 상대에게 진심처럼 들리지 않기에 오히려 역효과를 일으킬 수도 있다. 이는 말할 때가 아니라 들을 때에도 마찬가지이므로, 상대의 이야기에 맞장구를 치거나 공감을 표시할 때는 말과 태도를 일치시켜야 한다.

경청의 기술 2 　맞장구 쳐주기

　다음으로 중요한 기술은 내가 경청하고 있다는 사실을 상대가 알 수 있게끔 '맞장구'를 치는 것이다.

　"맞아, 맞아"라며 고개를 끄덕이는 행동은 경청의 기본이다. 이와 더불어 "그렇구나" "음, 그렇겠네" "정말?" 등의 말로 맞장구를 치면 상대는 '이 사람이 내 말을 유심히 듣고 있구나'라 생각할 것이다. 또한 "와아, 그래서 어떻게 됐어?" "빨리 다음 이야기도 해봐" 등 대화 중 상대의 이야기를 끌어내는 말을 해주는 것도 좋은 방법이다. 이런 말을 들으면 상대도 신나서 이야기를 계속 이어갈 테니까.

　또 하나 좋은 방법이 있다. "오늘은 비행기로 왔어요"라 이야기하는 상대에게 "아, 비행기를 타고 오셨군요"라고 말해주는, 즉 상대의 말을 그대로 반복하는 '앵무새 화법'도 말하는 이에게 '내 이야기를 잘 듣고 있구나'라는 만족감을 준다. "저는 재즈를 좋아해요"라는 말을 듣고 "재즈, 정말 좋죠"라고 답하는 경우처럼 문장의 일부분을 반복하는 방법도 상대에게 자연스러운 인상을 준다.

경청의 기술 3 | 동감하지 못해도 공감해주기

경청의 기본은 상대의 이야기를 수용하는 것이다. 그렇다 해서 모든 말에 동의할 필요는 없다. 온전히 '동감'하지 못하는 경우 '공감'만 표시해도 충분하기 때문이다.

가령 내가 춥다고 생각할 때 누군가 "오늘은 너무 덥네요"라 하는 상황을 가정해보자. 이렇게 말한 사람이 내 아내라면 나는 당장 "무슨 소리야, 이렇게 추운데"라고 망설임 없이 말했을지도 모른다.

하지만 아내가 덥다고 느끼는 것도 엄연한 사실이다. 이럴 땐 "나도 더워"라고 동감은 못해도 공감을 해주면 된다. 상대의 생각을 인정하는 것이 바로 공감이다. "덥구나" 혹은 "당신은 더운가보네"라는 말로 공감해준 뒤 "나는 좀 추운데"라고만 하면 된다. 말하자면 상대가 덥다고 느끼는 사실 자체를 이해해주는 것이다. 이러한 공감은 경청의 기본 중 기본이라 할 수 있다.

이런 상황에서 "도대체 뭐가 덥다는 거야?" "온도계를 좀 봐봐. 지금 이게 덥다니 말이 돼?"라며 상대의 말을 부정하면 싸움만 일어날 뿐이다. 동감할 수 없는 이야기에도 공감하는 마음을 가져보자.

질문으로 생각을 끌어내라

●○○

매끄럽게 대화를 끌어가는 또 하나의 기술은 바로 '질문'이다. 일반적으로 질문은 모르는 무언가에 대해 물어볼 때 하는 것이지만, 질문의 효과는 거기에서 그치지 않는다. 질문에는 '질문하는 내용을 의식하게 하는 효과'가 있기 때문이다. 대화를 나눌 때 "이 방에는 형광등이 몇 개나 있나요?"라고 물어보면 대개의 사람들은 "모르겠는데요"라고 대답하는 대신 천정을 올려다보며 형광등 개수를 세기 시작한다. '질문은 숨겨진 명령'이라는 말이 있다. 즉, "형광등이 몇 개 있는지 세어보세요"라고 명령하지 않고서도 질문을 통해 사람을 움직일 수 있는 것이다.

뿐만 아니라 상대에게 '자신이 해야 할 일을 깨닫게 하기 위한 질문'도 있다. 구체적인 예를 살펴보자. 세 살짜리 아이가 마당에서 놀다가 "간식 먹으렴" 하는 엄마 목소리에 집으로 들어와 손으로 간식을 집으려 할 때, 엄마가 이렇게 묻는다.

"간식 먹기 전에 뭘 해야 할까?"

질문을 들은 아이는 '아, 맞다. 손 씻어야지'라고 깨닫는다. 그리고 다음부터는 엄마가 아무 말 하지 않아도 간식 먹기 전엔 손을 씻어야 한다고 스스로 생각하게 된다. 이렇게 질문은 상대에게 해야 할 일을 알려줄 때도 활용된다.

효과적인 질문은 상대를 이야기에 적극적으로 참여하게 만들어 대화를 매끄럽게 만들기도 한다. 이때 중요한 것이 '대답 기다리기'다.

부하에게 "자네 생각엔 어떻게 하는 게 좋겠나?"라고 질문하면 대답이 바로 돌아오지 않을지도 모른다. 겨우 2~3초에 불과한 시간이라도 기다리는 사람에겐 길게 느껴지는 법이다. 결국 침묵을 견디지 못한 상사가 "이건 이렇게 해야지"라고 먼저 대답해버리는 경우도 많을 것이다. 하지만 이럴 때에야말로 인내심을 갖고 기다려줘야 한다. 부하는 질문에 대한 답을 생각하느라 바로 대답하지 못하는 상태일 수 있기 때문이다.

물론 생각하는 척만 하거나 혹은 정말 아무 생각을 안 하는 사람도 있다. 하지만 대개의 사람들은 질문을 받으면 자연스럽게 생각을 할 수밖에 없는 상태가 된다. 아무 말이 없는 건 곰곰이 생각하고 있기 때문인데, 이럴 때 상대에게 생각할 시간을 주지 않으면 모처럼 했던 쓴소리의 효과도 사라지고 만다.

다만 모두 말없이 입을 다물어버리면 어색해질 수 있으니 "그래, 천천히 생각해보게"라고 한마디 건네는 것도 좋다. 1분 정도 기다려주면 부하도 분명 말을 꺼낼 것이다.

상대의 말을
요약해라

●○○●

어느 정도 대화가 진행되고 질문으로 상대의 자초지종과 생각을 끌어낸 다음엔 상대가 했던 말을 요약 정리해주자. "자네는 회의 시간을 잊어버려서가 아니라 회의 직전에 거래처에서 급한 전화가 걸려와 지각을 했다는 거지?"라고 하는 식으로 말이다. 이런 요약을 통해 상사는 부하의 생각을 이해할 수 있고, 부하는 상사가 자신이 한 말을 얼마나 이해했는지 확인할 수 있다.

주의할 점은, 이때 자신의 해석과 평가가 개입되어서는 안 된다는 것이다. "그러니까 자네 말은 회의보다 거래처가 우선이라는 거지?"처럼 상대가 말하지 않은 내용까지 추측해서 결론을 내리지 않도록 유의한다. 요약이란 상대가 다섯 문장으로 이야기한 것을 한 문장으로 정리하는 것이므로, 자신의 해석이 들어가면 요약이라 할 수 없다.

상대가 대답할 때까지 끈기 있게 기다리고 상대의 이야기만을 요약하는 '경청'은 사실 머리로는 알고 있어도 실천하기가 쉽지 않다. 당장은 어렵겠지만 조금씩 익숙해지도록 노력해보자.

대화를 통한 쓴소리를 하기에 앞서 부하의 이야기를 잘 들어주는 것은 어떤 상황에서든 유용한 행동이다. 시간이 오래 걸린다는 게 유일한 단점이지만, 이를 감수하고서라도 이야기를 경청하면 상황이 더 나빠지는 일은 절대 없다고 장담할 수 있다. 그러니 시간이 허락하는 한, 부하의 이야기를 주의 깊게 들어주자.

쓴소리를 바꾸어 말하자면 **부하가 새로운 생각을 받아들이게 하는 것**이라 할 수 있다. 하지만 부하의 마음속은 이미 자기 생각으로 꽉 차 있다. 마치 컵 안에 물이 가득 차 있는 상태와 같기에, 그 컵에 새로운 물을 채우려면 이미 차 있는 물을 모두 쏟아내 텅 빈 상태로 만들어야 한다.

그러므로 **쓴소리를 하기 전, 부하의 이야기를 전부 들어줌으로써 마음속 컵을 텅 비우게 해야 한다.** 모든 이야기를 허심탄회하게 털어놓아 마음속에 더 하고 싶은 말이 남아 있지 않은 상

쓴소리를 할 때는 상대의 생각과 기분을 전부 들어줌으로써 마음속 컵을 텅 비우게끔 해줘야 한다.

태가 될 때까지 상대의 이야기를 들어주는 것이 중요하다.

혼날 것 같으면 변명부터 늘어놓는 사람도 있다. 이는 컵에 차 있는 물을 버리기 위해 꼭 필요한 절차다. 그런데 이런 상황에서 "변명하지 마!"라고 다그치기만 하면 상대의 마음속에는 반발심이 가득 차서 내가 무슨 말을 해도 들으려 하지 않는 상태가 된다.

따라서 부하가 변명을 하기 시작하면 설사 속으로 '그건 이것과 아무 상관이 없잖아'라든가 '자기한테 유리한 쪽으로만 해석하고 있군' 같은 생각이 들더라도 겉으로는 그런 티가 나지 않게 조심하며 계속 경청한다. 그리고 부하가 하고 싶어 하는 말을 끝까지 모두 하길 기다린 뒤 이렇게 말한다.

"그랬군. 자네에게 그런 사정이 있었는지 몰랐네."

부하의 말을 이해했다는 표현을 하는 것이다. 흔히들 많이 빼먹곤 하지만 이 표현은 꼭 필요하니 기억해두자. 그런 뒤 본론을 꺼낸다.

"그건 그렇지만, 역시 자네 행동은 잘못된 것이라네."

하고 싶은 말을 모두 쏟아냈기에 부하의 마음속 컵도 텅 비어 있을 것이 분명하다. 비로소 상사의 말을 겸허히 받아들일 준비가 된 것이다.

대화할 때 흔히 우리는 상대와 번갈아 말을 주고받으며 이야기한다. 하지만 정말 상대의 이야기를 제대로 듣고 있는지는 의문이다. 상대가 말하는 동안 그것에 귀 기울이지 않고 자신이 할 말만을 생각하는 경우가 허다하기 때문이다.

상대의 이야기를 주의 깊게 듣고 이해하는 것, 그리고 상대에게 '이해했다'고 표현해주는 것. 이것들을 완벽히 해낸 다음 자신의 이야기를 꺼내는 것이 올바른 순서다. 부하와 대화할 때 항상 자신만 일방적으로 이야기하는 기분이 든다면 이 점에 유의하면서 대화해보자.

'쓴소리 시나리오'를 익히자

●○○

　이 책에서 추천하는 쓴소리 방법에는 어느 정도 정해진 '형식'
이 있다. 바로 '쓴소리 시나리오'다. 이 시나리오는 쓴소리라기보
단 보통의 대화 형식을 띤다. 자신의 상황에 맞게 응용해도 좋지
만 익숙해지기 전까지는 형식에 따라 이야기해보는 연습을 하는
것이 좋다.

　쓴소리를 할 때에는 그저 상대를 혼내기만 하는 것이 아니라
혼내기 전과 후에 상대를 칭찬하는 것이 중요하다. '칭찬-꾸중-
칭찬'의 형식, 즉 마치 샌드위치처럼 칭찬과 칭찬이라는 빵 사이
에 꾸중이라는 재료를 끼워 넣는 것이다. 이렇게 하면 쓴소리를

듣는 상대도 자존심에 상처를 입지 않는다.

하지만 여기에서 말하는 칭찬은 억지로 꾸며낸 가식적인 것이 아니다. "얼마 전 열렸던 행사에서 고객 응대를 잘해줘 정말 고맙네. 수고했어"라며 수고를 치하하거나 "자네는 항상 제일 일찍 출근하는군" 같은 말로 부지런함을 인정하고, "항상 열심히 해줘서 정말 고마워"라며 고마움을 전하는 것 모두가 '칭찬'에 포함된다.

'쓴소리 시나리오'의 기본적인 흐름은 다음과 같다.

쓴소리 시나리오

- **사전준비: 준비 및 분위기 조성** 예) "항상 고맙네."
- **1단계: 객관적 사실 제시하기** 예) "지난번에 이런 일을 했었지?"
- **2단계: 요구사항 전달하기** 예) "나는 자네가 이렇게 해준다면 좋겠네."
- **3단계: 상대의 생각 묻기** 예) "자네는 어떻게 생각하나?"
- **4단계: 해결책을 생각할 시간 주기** 예) "앞으로 어떻게 하면 좋을까?"
- **5단계: 상대를 지원하기** 예) "내가 도울 수 있는 일이 있으면 언제든 말하게."
- **마무리: 격려와 응원 해주기** 예) "오늘 시간 내줘서 고맙네. 앞으로도 열심히 해줘."

가장 먼저 해야 할 **사전준비**는 쓴소리하는 데 필요한 준비를 하고 분위기를 만드는 단계다. 부하를 혼내는 목적을 마음속으로 다시 한 번 확인하고, 본격적으로 혼내기에 앞서 부하에게 전하고 싶은 감사의 말이나 평소 행동을 칭찬하는 말로 대화를 시작한다.

"수고가 많지? 자네가 항상 다른 팀원들을 항상 잘 살펴줘서 고맙게 생각하고 있네."

이때 '고맙다' '수고가 많다'와 같은 칭찬과 그 근거를 미리 준비해두어야 상대의 마음이 자연스럽게 풀어진다.

그다음의 **1단계**에서는 객관적 사실을 제시한다. "그런데 어제 이런 일이 있었지?"처럼 운을 떼면 된다. 구체적으로는 "자네가 지난주에도 회의에 늦고 이번 주에도 회의에 지각했더군"처럼 객관적 사실을 명확히 지적해야 한다.

2단계에서는 잘못된 행동을 이렇게 개선해주면 좋겠다는 요구사항을 전달한다. "**나는** 자네가 이렇게 해준다면 좋겠네"처럼 '나'를 주어로 하는 I 메시지를 사용하자.

"회의는 여러 사람이 함께하는 건데 자네 한 명이 지각을 해버리면 시작도 늦어지지 않나. 자네 없이 먼저 시작한다 하더라도 자네 없는 사이에 나왔던 내용을 되풀이해야 할 때도 있지. 이러면 다른 사람의 시간을 빼앗는 거나 마찬가지일세.(객관적 사실) 앞으로는 제시간에 회의를 시작할 수 있도록 반드시 회의 시작 전에 회의실에 와 있어주게. 이건 직장인으로서 당연히 지켜야 하는 기본적인 매너라고 **(나는) 생각하네.**"

요구사항을 전달한 뒤엔 다시금 상대의 내면을 긍정해준다. 설사 상대에게 칭찬할 만한 점이 없다 해도, 그에게서 발전시키고 인정해주고 싶은 점을 이야기하면 된다. 이를 **'인정 포인트'**라고 한다. 인정 포인트는 혼내는 내용과 직접적인 관련이 없어도 괜찮다.

"하지만 자네는 평소에 이런 일도 하고 있지? 정말 놀랐다네. 직장인으로서 **정말 훌륭한 행동이라고 생각해. 그런데** 회의에 지각한 건 정말 유감이라네."

이처럼 인정해야 할 점은 인정하면서 상대의 말과 행동처럼 겉으로 보이는 부분만을 지적하는 것이다. 혼내려고 마음먹었을 때 부하의 좋은 점도 바로 떠올릴 수 있게끔 평소 부하를 유심히 살피고, 칭찬거리를 찾으면 메모해두는 일도 필요하다. 부하는 '인정 포인트'를 들으며 상사를 적이 아닌 아군으로 인식하게 되고 그 결과, 심리적 장벽을 낮추고 상사의 말에 귀를 기울일 것이다.

3단계는 비로소 부하에게 질문을 던지는 단계다. "나는 이렇게 생각하는데 자네 생각은 어떤가?"라고 물으면 부하는 다음과 같이 자초지종을 설명할 것이다.

"그게 말이죠. 지난주에는 외근으로 거래처에 들렀는데 그곳 사정 때문에 회사에 늦게 돌아왔습니다. 그리고 오늘은 아침까지 완성해야 하는 보고서가 있어 정신없이 작성하다 보니 회의 시간을 깜빡했습니다."

여기에서 중요한 것은 상대가 하고 싶은 말을 남김없이 모두 하게 내버려둬야 한다는 점이다. 이것이 상대의 마음속 컵에 차 있는 물을 버리는 과정이기 때문이다. "보고서 작성은 미리미리 해둬야지"라는 말이 목구멍까지 올라오더라도 그 점은 나중에 지적하기로 하고, 일단은 상대의 말을 끝까지 들어주자. 상대의 이야기가 모두 끝나면 "아, 그런 일이 있었군" 하며 상대의 말을 이해했다는 것을 표현한 뒤 4단계로 넘어간다.

4단계에서는 부하로 하여금 앞으로의 대책을 생각해보게 한다. "사정은 알겠지만, 회의에 지각하면 다른 사람들에게 폐를 끼치는 셈이니 앞으로는 꼭 시간을 지켜줬으면 하네. 그러려면 어떻게 하는 것이 좋겠나?" 혹은 "알았네. 그럴 수도 있지. 앞으로 그런 일이 없으리란 보장도 없고 말이야. 하지만 회의도 무척 중요한 일이니 늦지 않게 와주면 좋겠는데. 어떻게 하면 좋을 것 같나?"라고 부하에게 묻는 것이다.

이때 해결책은 반드시 부하가 직접 정하게끔 해야 한다. "이렇게 하게!"라고 일방적으로 해결책을 제시하면 부하 자신이 스스로 나서서 지키려는 마음은 들지 않을 것이기 때문이다.

"어떻게 하면 좋겠나?"라는 질문을 던지면 부하는 고민하기 시작할 것이다. 말이 없어질 수도 있고 말이다. 그렇다 해도 앞서 설명했듯 절대 상사가 먼저 대답을 해선 안 된다.

"나도 이런저런 생각을 해보긴 했는데 일단은 자네 생각을 들어보고 싶기도 하고, 또 자네가 스스로 고민해봤으면 하네. 어떻게 생각하나? 천천히 해도 괜찮으니 생각해보게." 정도의 말을 건네는 것으로 충분하다. 그러면 이내 부하도 말을 꺼낼 것이다.

"앞으로는 회의가 잡혀 있는 날에는 외근 스케줄을 잡지 않겠습니다."

이렇듯 부하가 구체적인 해결책을 제시하면 그것에 귀를 기울이고 필요한 때에만 조언을 해주자.

"그래, 그것도 좋겠군. 그런데 그렇게 하면 월 목표 달성에 문제는 없겠나?"

"으음……. 그러면 현재 문제가 없는 거래처들을 선별하고, 회의가 있는 날에는 그 거래처에만 나가도록 하겠습니다."

"그래, 그거 좋겠군. 괜찮겠나?"

이처럼 적절한 조언으로 부하의 해결책을 수정해주는 것도 상사의 역할이다.

5단계는 "내가 도울 일은 없겠나?"라고 묻는 단계다. 이 말은 요구사항을 전달한 다음 그것과 반드시 하나의 세트처럼 따라나와야 한다.

"내가 도울 일이 있겠나?"라고 물으면 부하도 '꼭 참석해야만 하는 중요한 회의가 있으면 미리 알려달라' 혹은 '갑자기 회의를 잡진 말아달라' 등 자신의 요구사항을 말할 것이다. 상사 입장에서 들어줄 수 있는 요구일 경우엔 수용하면 되고, 그렇지 않다면 다시 이야기를 나누어보자.

마지막인 **마무리** 단계에서는 다시 한 번 상대의 내면을 칭찬하고 인정하는 말을 건넨다. "자네는 정말 잘해주고 있어서 나도 기대가 크네. 앞으로도 열심히 해주면 좋겠어. 잘 부탁하네"와 같은 말로 대화를 마친다.

이렇게 모든 단계를 끝내기까지는 그리 오랜 시간이 걸리진 않을 것이다. 평균적으로 보면 30분 정도인데, 순조롭게 진행되면 5~10분 사이에 끝나기도 한다.

'혼내지 않고 혼내기'를 통해
부하와 돈독해져라

●○○

이렇게 대화를 통해 쓴소리를 하면, 상사도 쓴소리에 대한 부담을 덜 수 있고 부하 역시 혼나는 과정에서 스트레스를 받지 않는다. 그래서 나는 이 방법을 '혼내지 않고 혼내기'라고 부른다.

또한 쓴소리를 통해 심도 있는 대화를 나눔으로써 부하 입장에선 '상사가 나를 이해해준다' '상사가 나를 지켜보고 있다' '상사는 내게 기대를 하고 있다'라고 생각하게 된다. 그 결과 쓴소리를 했음에도 상사와 부하 사이의 신뢰는 두터워진다.

'쓴소리 시나리오'를 마련하지 않은 상태에서 쓴소리를 할 경우, 많은 상사가 3단계(상대의 생각을 묻기)와 4단계(해결책을 생각할 시간 주기)를 빼먹는다. 자신이 하고 싶은 말만 하고 끝내버리는 것이다.

흔히 우리는 혼낼 때 '변명 따위는 들을 필요 없어'라고 생각하기 마련이지만, 어차피 혼낼 거라면 어처구니없는 변명이라 할지라도 상대가 하고 싶은 말을 모두 하게 두는 편이 좋다. 그렇게 모두 쏟아내면 상대의 마음속 컵이 텅 빌 것이고, 그것만으로도 쓴소리의 효과는 훨씬 높아지기 때문이다. 또한 무슨 일이 있을 때마다 부하와 이런 대화를 나누면 점차 신뢰가 쌓이면서 부하와의 관계를 돈독하게 만들 수 있다.

누군가를 혼낸다는 건 매우 민감한 일이기 때문에 시간과 장소를 고려해야 한다. 만약 아침 일찍 출근하자마자 상사의 "이리와봐"라는 말에 불려가 혼이 난다면 그 직원은 하루종일 혼난 기억을 떠올리게 될 것이다. 정말 급박한 상황이라면 어쩔 수 없지만 그렇지 않다면 아침 일찍 부하를 혼내는 상황은 피하자.

쓴소리 하기에 적당한 시간은 점심 시간 이후 또는 저녁 시간이다. 상사의 입장에서도 중요한 일을 앞두고 있으면 그 일이 신경 쓰여 혼내기에 집중할 수 없다. 하지만 점심시간 이후나 저녁 시간이라면 그날 해야 할 일을 어느 정도 끝냈을 테니 혼내기에만 집중할 수 있다.

쓴소리를 할 장소에는 빈손으로 가지 말자. 반드시 메모지와 필기도구를 가지고 가라는 뜻이다. 1단계(객관적 사실 제시하기)에서 미리 메모해 간 내용을 보며 "이런 일이 있었지?"라고 말하면 설득력이 더욱 높아지고, 4단계에서 향후 대책을 물어볼 때에도 부하직원의 이야기, 그리고 그와 상의하여 정한 내용을 기록해 두는 것이 중요하다.

뿐만 아니라 상사와 부하 사이에 종이를 놓아두면 그 종이가 일종의 완충재 역할을 하여 혹시 모를 험악한 상황을 방지해주기도 한다. 문제가 되는 사안을 종이에 써서 두 사람 사이에 두고 그 메모를 매개로 이야기를 나누면 상대의 문제점을 지적한다기보다는 '함께 문제를 해결하자'는 분위기가 조성되기 때문이다. 앉을 때도 마주 보고 앉기보다는 두 사람의 위치가 90도가 되도록 앉는 편이 긴장 완화에 도움이 된다.

또한 쓴소리 내용은 다른 사람이 듣지 못하도록 해야 한다. 회의실 등 장소를 따로 잡아 단둘이 있는 상태에서 혼내는 것이 좋다는 뜻이다.

또한 누누이 설명했듯, 대화를 통한 쓴소리 방법에서 혼내는 말만큼이나, 아니 그보다 훨씬 중요한 것이 바로 칭찬의 말이다.

칭찬을 하려면 평소 부하의 모습을 유심히 관찰하면서 장점을 찾기 위해 노력해야 하는데, 사실 이 일은 생각보다 어렵다. 우리 딴에는 잘 보고 있다고 생각하고 있음에도 의외로 그렇지 못한 경우가 많기 때문이다.

누군가를 평가하는 일도 마찬가지다. 사람들은 흔히 다른 이의 장점보다 단점에 더욱 눈이 가기 마련이다. 자녀를 키우다 보면 아이의 부족한 점이 유독 눈에 들어온다. 아이에겐 분명 좋은 점이 있는데 그건 좀처럼 눈에 띄지 않는 것이다. 고칠 필요가 없는 장점은 일부러 보려고 노력하지 않는 한 쉽게 보이지 않기에 더욱더 그렇다.

배고픈 채로 길을 걸을 때는 모양이 엉망인 도넛이라도 도넛 그 자체만 보인다. 하지만 배가 부른 상태일 때는 도넛의 찌그러진 모양에만 눈이 가기 마련이다. 그렇기에 부하의 장점을 찾으려면 그것을 위한 노력을 의식적으로 기울여야 한다.

"우리 회사 녀석들은 당최 칭찬할 구석이 없어" 하며 한숨 짓는 경영자와 상사도 많은데, 이는 도넛의 찌그러진 모양에만 신경을 쓰고 있기 때문이다. 칭찬거리는 열심히 찾지 않으면 보이지 않지만, 눈을 크게 뜨고 유심히 살피면 반드시 발견할 수 있다.

얼마 전 일본에서는 한 초등학생이 손가락으로 안경 모양을 흉내 낸 '장점 찾기 안경'을 쓰고 주변 사람들의 장점을 찾는 내용의 광고가 화제를 모았다. 우리도 함께 일하는 사람의 칭찬거리를 찾기 위해 '장점 찾기 안경'을 써보면 어떨까.

제 3 장
· · · · · · ·

잘못된 쓴소리

나쁜 상사가 저지르는 열한 가지 실수

●○○●

이번 장에서는 절대 하지 말아야 할, 백해무익한 쓴소리를 소개한다. 혹시 자신도 모르게 잘못된 방법으로 쓴소리를 하고 있는 건 아닌지 생각해보자.

백해무익 쓴소리 1 | 사람들 앞에서 혼낸다

혼나는 모습을 다른 이에게 보이고 싶은 사람은 없을 것이다. 사람들이 보는 앞에서 혼내는 것은 상대의 자존심에 상처를 남기는 일이기도 하다. 쓴소리는 일대일로, 다른 사람에게 보이지 않는 장소에서 하는 것이 기본이다.

백해무익 쓴소리 2 단정짓는다

"자네 요즘 해이해진 것 같아" "게으름만 피우고 말이야" "회의는 중요하지 않지?" 등과 같이 상대의 내면을 단정지어 말한다.

백해무익 쓴소리 3 변명을 듣지 않는다

부하가 변명하려 하면 "핑계는 듣고 싶지 않네"라며 입조차 떼지 못하게 하는 상사가 있다. 하지만 이렇게 해명할 기회까지 빼앗으면 상대의 마음속엔 반발심이 가득 찰 뿐이며 어떤 말도 전해지지 않는다.

백해무익 쓴소리 4 다른 사람과 비교한다

"우리 팀 소연 씨를 좀 봐. 자네보다 후배지만 실적이 훨씬 좋잖아."

"승원 씨는 자네보다 나이도 어린데 저렇게 열심히 하잖나. 연

장자로서 부끄럽지도 않은가?"

"지훈 씨를 좀 본받도록 하게."

다른 사람과 비교당하면 누구든 기분이 나쁘기 마련이다. 쓴소리는 상대평가가 아닌 '절대평가'여야 한다.

백해무익 쓴소리 5 **협박한다**

"또 이러면 보너스는 없을 줄 알게."

"계속 이런 식이면 승진하기는 힘들 걸세."

"요즘 정리해고 대상자 명단 작성 중인 거 알고 있지?"

이런 말들은 오히려 상대의 반감만 살 뿐이다. 또 상사 갑질으로 신고당할 가능성도 있다.

백해무익 쓴소리 6 **지난 일을 끄집어낸다**

"자네 지난달에도 보고서 제출이 늦었었지? 그러고 보니 지난달에 이런 일도 있었고, 지지난달에는 실수도 했었지?"

한참 지난 과거의 일까지 끄집어내 쓴소리를 하면 속이 좁아 보일 뿐 아니라 상대의 기억에도 남지 않는다. 쓴소리의 대상이 되는 일은 한 번에 하나씩 언급하는 것이 좋다. 한 가지 이상의 일을 혼내야 할 때는 따로 자리를 마련하자.

백해무익 쓴소리 7 │ 소리를 지르거나 거친 말을 쓴다

이런 식으로 쓴소리를 하는 상사들에게는 두 가지 문제점이 있다. 하나는 자신의 스트레스를 풀기 위해 분노의 감정을 그대로 표현한다는 점, 다른 하나는 예전의 자신이 당했던 것처럼 그역시 부하를 힘으로 굴복시키려 한다는 점이다.

상사가 거친 말로 몰아붙이면 부하는 겉으로 그 말을 따르는척할 수도 있다. 하지만 그 부하와의 관계는 틀림없이 엉망이 될테니 이 방법만큼은 절대 사용하지 말아야 한다.

백해무익 쓴소리 8 │ 비꼬아 말한다

"대기업에서 근무하다 왔으니 이런 일쯤은 식은 죽 먹기지?"
"정말 대단한 일 하셨네."(부하가 실수했을 때)
비꼬는 말투는 상대의 마음에 상처를 남긴다.

누군가를 혼내야 한다는 긴장감을 견디지 못한 탓인지 아니면 그저 가볍게 주의를 주고 싶어서인지는 모르겠으나, 마치 장난처럼 쓴소리를 하는 사람도 있다.

"얼마 전에도 늦었었지? 그럼 되겠어요, 안 되겠어요? 안 돼~"

이런 방식은 좋지 않다. 혼내는 것도 아니고 농담하는 것도 아니게 될 뿐만 아니라 자신은 혼낸다고 생각해도 정작 부하는 그렇게 생각하지 않을 수 있기 때문이다.

제2장에서 '언어 메시지와 비언어 메시지를 일치시켜야 한다'고 설명했던 것처럼, 즐거운 이야기를 하는 상황이라면 얼마든지 농담을 해도 된다. 하지만 올바른 쓴소리를 할 때는 '나는 진지하게 당신의 잘못을 지적하는 중'이라는 분위기를 만들 필요가 있다. 진지한 태도로 말해야만 상대도 진지하게 받아들인다.

쓴소리하기에 앞서 가볍게 주의를 주려는 목적이라면 장난스러운 말투를 사용해도 무방하다. 또 가벼운 주의를 듣는 것만으로 자신의 잘못을 알아차리고 반성할 수 있는 사람이라면 농담도 전혀 문제 될 것이 없다. 하지만 그렇지 않다면 진지한 분위기 속에서 제대로 혼내는 것이 좋다.

이 책에서 소개하는 쓴소리 방법은 '혼내지 않고 혼내기', 즉 대화를 통한 혼내기이기 때문에 심각한 분위기와는 어울리지 않을 수도 있다. 그러나 **누군가를 혼낸다는 것은 결코 쉬운 일이 아니다.** 매일 혹은 매주 할 수 있는 일이 결코 아니라 몇 개월에 한 번쯤이나 비로소 가능한 일인 것이다. 그렇기에 부하에게 쓴 소리를 해야 할 때는 항상 성심성의를 다해야 한다.

백해무익 쓴소리 10 술의 힘을 빌려 혼낸다

'오늘은 부하를 혼내야 하는데 영 마음이 무겁네. 어디 호프집에 데려가서 술이라도 마시면서 혼낼까?'

이렇게 생각하는 상사도 있을 것이다.

술을 마신 상태에서도 이 책에서 설명한 방법에 따라 제대로 된 쓴소리를 할 수 있다면 상관없지만, 기본적으로 쓴소리는 사무실 안에서 업무시간 내에 이루어져야 한다.

사실 부하와 함께 술을 마시면 좋은 점도 있다. 긴히 의논해야 할 일이 있을 때 술의 힘을 빌리면 조금 더 쉽게 진심을 터놓고 이야기할 수도 있으니 말이다. 하지만 나는 술을 마시며 혼내는 방법을 추천하지 않는다. 쓴소리의 효과는 진지한 분위기 속에서 서로의 이야기에 집중할 때 더욱 커지기 때문이다.

물론 회사에서 부하를 혼낸 다음 "힘들었지? 우리 술이나 한 잔하러 갈까?"라며 함께하는 술자리를 갖는 것은 좋은 방법일 수 있다. 다만 항상 처음부터 술을 마시며 이야기를 꺼내면 부하 입장에선 '뭐야, 이 사람은 술이 없으면 진지한 얘기를 못 하나?' 라는 생각으로 상사를 얕잡아 볼 가능성도 있다. 그러니 술의 힘을 빌리지 않고 진솔한 이야기를 나누려는 노력을 해보자.

백해무익 쓴소리 11 ┃ 간접적으로 혼낸다

쓴소리하기를 꺼리는 탓에 부하가 당연히 혼나야 하는 상황을 보고도 못 본 척하는 상사가 있다. 이러한 상사 덕분에 혼나지 않은 부하는 속으로 '다행이다!'라며 좋아할 수도 있겠으나, 긴 안목으로 바라보면 잘못을 저지르고도 혼나지 않는 것은 불행한 일이다.

테레사 수녀는 "사랑의 반대말은 미움이 아닌 무관심"이라고 말한 바 있다. 관심이 있으니 쓴소리도 하는 것이다. 쓴소리는 상대를 성장시키므로, 혼내지 않는 것은 전혀 상대를 위한 일이 아니다. 또한 마땅히 혼나야 하는 부하를 그대로 방치하면 묵묵하

게 열심히 일하는 사람들에게 악영향을 끼쳐 회사 전체의 사기
가 저하될 수도 있다.

이뿐만이 아니다. 쓴소리를 못하는 관리직원은 부하의 신뢰도
받지 못한다. 겉으로는 순순히 말을 듣는 척하면서 속으로는 '어
차피 우리 팀장님은 아무 말도 못 하니까'라며 우습게 생각할 가
능성이 있는 것이다. 이런 분위기 속에서는 팀워크를 기대하기
힘들 뿐 아니라 좋은 성과도 낼 수 없다.

쓴소리를 하긴 하는데 방법이 서툰 나머지 전혀 아무런 효과
를 거두지 못하는 경우도 흔하다. 내가 알고 있는 어떤 사장님은
이런 말을 자주 한다.

"전 부하직원 혼내는 게 힘들어서 간접적으로 혼내고 있습니다."

그분이 말하는 '간접적으로 혼내기'란 비꼬는 말로 부하직원
을 혼내거나, 다른 직원에게 "그 사람 정말 못 쓰겠어"라며 그 부
하의 험담을 늘어놓는 것이었다. 그 이야기를 들은 직원이 해당
부하직원에게 "얼마 전엔 사장님이 이런 말을 하더라고"라며 당
사자에게 전해주면 자연히 알게 된다는 이유였다. 나는 "본인에
게 직접 말하는 편이 좋습니다"라고 조언했지만 그 사장님은 "아
니, 나는 본인이 스스로 깨닫는다면 좋겠어요"라고 말했다.

하지만 이런 쓴소리는 오히려 역효과를 불러온다. '사장님이 내 험담을 하고 있을지도 몰라'라는 의심을 다른 직원들까지 품게 되고, 그 결과 회사 전체가 어두운 분위기에 휩싸일 것이기 때문이다.

혼내기 쉬운 부하를 골라 모두가 보는 앞에서 혼내는 방법을 통해 전체적으로 긴장감을 조성하는 사람도 간혹 있다. 즉, '혼나는 역할'을 맡을 직원을 정한 뒤 그 사람이 눈물 쏙 빠지게 혼나는 모습을 보여줌으로써 다른 직원들도 '혹시 나도 뭔가 잘못하고 있는 건 아닐까'라며 반성하게 만드는 것이다. 하지만 이는 말하기 쉬운 상대를 본보기로 삼는 최악의 방법이다.

또 어떤 사장님은 한 달에 한 번 있는 아침 조례 시간에 특정 부서를 언급하고 "이렇게 형편없이 일하면 월급은 없는 줄 알아!"라며 혼내는 방식을 사용한다고 내게 말했다. 이른바 부서 전체를 한꺼번에 혼내는 방식이다. 그러나 스포츠팀 감독이라면 이렇게 일대多로 혼내는 방식이 유용하겠지만, 회사에서는 일대일로 혼내는 것이 원칙이다. 일대일로 혼내는 경우여야 혼나는 사람이 자신의 사정을 말할 기회를 얻고, 잘못된 행동을 어떻게 고쳐야 하는지도 구체적으로 알 수 있기 때문이다.

나쁜 상사는
'설교'를 한다

●○○

　하는 사람이야 기분이 좋을지 모르지만 듣는 입장에선 괴롭기 그지없는 게 설교다. 누군가를 혼내야 하는 입장에 있는 사람은 자신도 모르게 설교를 하고 있지는 않은지 평소에도 주의해야 한다. 그럼 어떻게 해야 설교가 아닌 쓴소리를 할 수 있을까? 이를 위해선 상대의 이야기를 잘 들어주고 마음을 헤아려야만 한다.

　아마 설교를 늘어놓는 사람은 마음속으로 자신이 상대보다 우월한 존재라 생각할지도 모른다. 상사가 부하보다 높은 사람임은 어찌 보면 당연하지만, 상사와 부하라는 직급은 그저 회사 내에서만 통용되는 역할에 불과하다. 상사라 해서 반드시 부하보다 인간적으로도 우월한 위치에 있다고는 할 수 없다는 뜻이다. 그러므로 부하와 대화할 때는 항상 서로 동등한 위치에 서서 말한다는 생각을 가져야 한다.

자녀를 훈육하는 경우를 생각해보자. 아이에게 말할 땐 대개 아이의 눈높이에 맞춰 몸을 낮추고선 "위험하니까 다시는 난간에 올라가지 않는다고 약속하자" 하는 식으로 이야기하는 것이 보통인데, 이런 자세는 부하를 혼낼 때에도 필요하다.

"자네의 상사라서 쓴소리를 할 때도 있지만, 나는 함께 일하는 동료의 한 사람으로서 항상 자네를 보고 있다네. 자네가 더욱 성장하려면 어떻게 하는 것이 좋을지 함께 생각해보면 좋겠군."

설교가 아닌 좋은 쓴소리는 이러한 마음가짐에서 나온다.

부족한 점은
솔직히 인정해라

●○○

만약 내 아내가 화장실 불을 켜둔 채로 나오면 나는 곧장 "불 꺼야지"라며 지적할 것이다. 그러면 아내는 "당신이야말로 매일 까먹으면서"라고 핀잔을 줄 것이 분명하다. 사실 화장실 불을 끄지 않고 나오는 경우는 내가 아내보다 더 많기 때문이다. 그러니 아내 입장에서 보면 '당신도 못 하면서 왜 나한테만 그래'라고 생각하는 것도 당연하다.

상사가 되면 이렇게 **자신도 100% 완벽하게 하지 못하는 일들에 대해 주의를 줘야 할 때가** 있다. 그럴 때면 '내가 과연 주의를 줄 자격이 있는 걸까'라는 생각이 들지도 모른다. 나 역시 예전엔 상사라면 항상 완벽해야 한다고 생각했기에, 내가 못 하는 일에 대해서는 누군가를 혼내는 것도 망설여졌다. 그러나 상사라면 자신이 할 말은 꼭 해야 하는 법이다. 그렇기에 이런 상황에서는 다음과 같이 말하는 수밖에 없다.

"나도 부족하지만, 모두가 노력하고 있으니 자네도 열심히 해 주게."

"나도 자네처럼 서툴지만 노력 중이라네. 우리 함께 열심히 해 보자고."

여기에서 중요한 점은 자신 역시 부족하다는 사실을 깨끗이 인정하는 것이다(물론 부하보다는 조금 낫다는 전제하에 가능한 얘기다). 또 '함께'라는 단어를 사용하면 혼난다는 느낌이 들지 않으니 부하도 수긍하기 쉬울 것이다.

부하들 간의 문제,
어떻게 혼내야 할까?

●○○

직장생활을 하다 보면 부하들 간의 갈등이나 그룹 사이의 힘
겨루기가 발생하는 경우가 종종 있다. 그 일이 업무에까지 지장
을 주면 문제를 일으킨 당사자들을 혼내는 것이 당연하지만, 이
럴 때의 쓴소리는 다른 쓴소리보다 훨씬 까다롭게 생각하며 해
야 한다. 상사가 어느 한쪽 편을 들면 오히려 갈등을 더 크게 키
울 수도 있기 때문이다.

나 또한 비슷한 경험을 한 적이 있다. 거래처 중 한 곳에 몹시
사이 나쁜 형제가 경영진으로 있었는데, 회의 때마다 두 사람은
항상 신경전을 벌였다. 그렇다 보니 회의도 제대로 진행되지 않

는 경우가 많아 내가 중재를 도맡을 수밖에 없었다. 이럴 때는 다음의 두 가지, 즉 '객관적으로 보기'와 '가시화하기'를 염두에 두어야 한다.

회의에서 신경전이 시작되면 나는 "지금 하시려는 말씀이 이러이러한 내용 맞나요?"라며 묻고 양쪽의 의견을 듣는다. 두 사람 모두 감정이 지나치게 격앙된 나머지 거친 표현을 쓸 수도 있지만 그런 말은 무시한다.

"그러면 이렇게 하자는 말씀이시죠?"

이렇게 객관적 내용만을 선별하고 요점을 화이트보드에 적어가며 이야기를 정리한다. 이러면 상황을 객관적으로 바라보는 것이 가능해지므로 양측 모두 격해진 감정을 가라앉힐 수 있다.

회사는 여러 사람들이 어울려 오랜 시간을 보내는 곳이기 때문에 그들 사이에서 갈등이 발생하는 것도 당연하다. 문제가 발생하면 상사는 어느 한쪽에 치우치지 않고 양쪽의 객관적 사실과 의견을 고루 듣고 가시화하는 방법을 통해 해결책을 모색해야 한다.

이 방법은 회의처럼 제3자들이 있는 장소에서 일어난 문제를 해결할 때 효과적이다. 하지만 사실 부하들 간의 실제 갈등은 보이지 않는 장소에서 훨씬 많이 일어난다. 때문에 어느 한쪽이 "저 사람이 제 험담을 하고 다닙니다"라고 주장한다 해도, 증거가 없으니 그 말만 듣고서 다른 한쪽을 혼낼 수도 없다. 이럴 때는 갈등을 빚고 있는 부하들의 평소 모습을 유심히 관찰하여 대책을 세워야 할 필요가 있다.

하지만 나는 회사에서 인간관계로 인해 일어나는 문제들은 아주 심한 경우가 아니라면 그대로 두고 보는 편이 바람직하다고 생각한다. 그 문제는 어디까지나 당사자들 사이의 사안이기 때문이다.

내가 상사라면 주위에 악영향을 끼치지 않는 한 관찰만 하고 개입하지는 않다가, 결국 그 일 때문에 업무에까지 문제가 생기면 그제야 비로소 쓴소리를 할 것이다. 이때 양쪽을 적절히 혼내려면 평소에도 부하들을 잘 살펴봐야 한다. 만약 부하들 사이의 문제로 업무 연계가 원활히 이루어지지 않아 납기까지 늦어졌다면, 양쪽의 해명을 충분히 들은 뒤 다시는 같은 상황이 발생하지 않도록 주의시키는 것이 좋다.

간혹 어떤 말을 해도 잘못을 인정하지 않거나 책임을 떠넘기기에 급급한 사람들 중에는 "모두 저 사람이 잘못한 겁니다. 전 아무 잘못도 없습니다"라고 말하는 이가 있을지도 모른다. 그럴 경우, 그 사람이 어떤 말을 하든 일단은 끝까지 들어주자. 그런 다음 그 부하의 좋은 점과 함께 그가 한 말 중에서 자신이 동의하는 부분과 그렇지 않은 부분을 객관적으로 분류하여 이야기한다.

"그러니까 자네 말인즉슨, 영준 씨에게 서류 작성을 맡겼는데 열흘이 지나도 안 했다는 거지? 그런 적이 이미 두 번이나 있었고 말일세."

마지막으로 이처럼 부하의 말을 정리한 후에는 어느 한쪽 편을 들지 말고 "자초지종은 알겠네. 다음에 다시 이야기하세" 정도로 자리를 마무리한다.

부하들 간의 갈등을 중재할 시 중요한 점은 객관적 사실과 주관적 사실을 구별해야 한다는 것이다. 어떤 사람이 "영준 씨는 항상 약속을 어겨요"라고 주장한다 해서 그것을 객관적 사실로 볼 수는 없다. 그 사람이 모르는 곳에서는 영준 씨가 약속을 지키고 있을지도 모르기 때문이다. 언제나 눈앞의 일에만 주목해야 하는 이유가 바로 이것이다. 이 상황에서 문제가 되는 것은 '어떤 사람이 영준 씨에게 서류 작성을 부탁했는데 영준 씨는 열흘이 지나도 해주지 않았다'라든가 '이런 일이 두 번이나 있었다'

라는 점뿐이다. 그러니 이런 이야기를 털어놓는 사람이 "영준 씨는 항상 이런 식이에요. 불평만 늘어놓고……"라며 비난하는 말을 하더라도 어느 한쪽 편을 들지 말고 듣기만 하자.

쓴소리할 대상이
직속 부하가 아니라면?

●○○●

"다른 부서 신입사원이 같은 잘못을 계속 저지르는데 제 직속 부하가 아니니 그대로 두어야 하나 고민스러워요."

"저보다 몇 개월 늦게 입사한 동료에게 충고를 해주고 싶은데 괜히 말을 꺼냈다가 껄끄러워지기만 할까봐 망설여집니다."

이렇게 쓴소리를 해야 할지 말아야 할지 고민이 되는 경우도 있다. 예전에는 회사뿐 아니라 동네에서도 말썽 부리는 아이가 있으면 자기 자식이 아니더라도 혼내는 경우가 많았지만, 요즘에는 '남의 집 가정교육에는 참견하지 않는다'라는 생각이 일반적이다. 그러나 한편으로는 '어른으로서 아이가 잘못하면 혼내는 것이 당연하다'고 생각하는 사람도 있기 때문에 어느 한쪽이 맞다고 단정하기는 어렵다.

다만 확실히 짚고 넘어가야 할 것은 **'주의를 주는 것'과 '혼내는 것'은 엄연히 다르다**는 점이다. **'혼내기'는 직속 상사 등 교육을 담당하는 책임자가 할 일이지만, '주의'는 어떤 사람이라도 줄 수 있다.** 만약 신입사원이 거래처와의 통화 시 예의에 맞지 않는 말을 사용한다거나, 출근하는 옷차림이 단정하지 못하다면 그런 잘못된 행동을 목격한 사람이 주의를 주어야 한다.

혼을 내는 것은 상대에게 주의를 시켰음에도 전혀 변화가 없을 때 필요하다. 그런 경우에는 신입사원의 직속 상사에게 넌지시 사실을 전달하고, 그 뒤의 일은 그 상사에게 맡기는 것이 좋다.

"자네 팀 신입사원 말이야, 내가 자리가 가까워서 통화하는 걸 듣다가 주의를 준 적이 있거든. 그런데 전혀 변화가 없어."

어쩌면 그 상사는 자기 부하의 잘못을 전혀 모르는 상태일 수도 있지만, 이런 말을 듣고 난 뒤엔 분명히 조치를 취할 것이다. 그러나 한참이 지나도 그 상사가 아무런 행동을 하지 않는다면 다음과 같이 이야기를 해보는 것도 좋다.

나: 얼마 전 내가 자네 팀 신입사원 이야기를 했었잖아. 그런데 전혀

달라지질 않아서 말이야.

다른 팀 상사: 아, 내가 따로 이야기를 해야 하는데 아직 못했어.

나: 그대로 두면 거래처에 실수할지도 모르니 말해주는 게 좋을 것
같은데.

주의 내용에 따라 다소 다르겠지만 이렇게까지 말했다면 그것
으로 충분하다. 이보다 더 많이 개입하면 오지랖으로 보일 수도
있다. **'주의'는 누구나 줄 수 있지만 '혼내기'는 직속 상사가 해
야 한다**는 점을 기억하자.

제 4 장
· · · · · ·

이런 부하는
이렇게 혼내라

부하의 유형에 따라
쓴소리를 달리해라

●○●

이 책에서 소개하는 쓴소리 방법은 누구에게나 언제든지 사용할 수 있는 보편적 원칙인데, 이 원리원칙을 숙지한 뒤에는 얼마든지 다양하게 응용할 수 있다. 하지만 실제로 쓴소리를 할 때는 부하가 어떤 유형의 사람인지를 고려해야 한다. 어떤 특징을 가진 사람이냐에 따라 혼내는 방법도 달라지기 때문이다.

그래서 이 장에서는 부하직원의 스타일을 A, B, C의 세 그룹으로 나누고, 각 그룹에 따라 쓴소리를 할 때 유의해야 할 포인트를 소개한다. 이 포인트를 잘 활용하면 쓴소리의 효과가 배가될 것이다.

A 그룹
자기방어 의식이 강해 처음부터
쓴소리를 들으려 하지 않는다

●○●

A 그룹으로 분류되는 사람들은 나름의 신념과 고집을 바탕으로 자신을 지키려는 생각이 확고하다. 이처럼 자기방어 의식이 매우 강하기 때문에 이들은 혼나는 이유를 지적하면 거부 반응부터 보인다.

쓴소리 시나리오 1단계는 "몇 월 며칠에 이런 일이 있었지?"라며 객관적인 사실을 제시하는 단계다. 하지만 A 그룹은 이 사실 자체를 인정하지 않고, 상사가 말을 채 끝내기 전에 반론을 제시하거나 화를 내기도 한다.

이 그룹에 속하는 이들 중에는 '예전에는 이랬는데'라며 과거의 경험에 집착하는 연배 높은 사람이나 '내 업무는 여기까지고 그 외의 일은 나와 상관없다'고 선을 긋는 사람이 많다. 자신의 신념을 굽히지 않는 고지식한 성향이라고도 할 수 있다.

A 그룹의 사람에게 쓴소리를 할 때는 쓴소리 시나리오의 1단계 (객관적 사실 제시하기)에서 3단계(상대의 생각 묻기)까지를 특히 유의해서 진행해야 한다. 그들은 객관적 사실을 쉽게 인정하려 하지 않기 때문에 이 부분을 중점적으로 확인할 필요가 있다.

보통 2단계(요구사항 전달하기)에서는 주로 상사가 이야기를 하고 3단계에서 부하의 생각을 듣지만, 그 전에 부하가 반대 의견을 꺼내거나 해서 대화가 좀처럼 진행되지 않을 가능성도 있다. 그때는 1단계나 2단계로 다시 돌아간다.

A 그룹의 부하직원을 혼낼 때는 상대의 확고한 태도를 문제 삼지 말자. 그보다는 그 부하가 말하고자 하는 내용을 끝까지 듣고 수용하는 태도를 보이는 것이 중요하기 때문이다. 더불어 다음과 같이 제안하는 것이 포인트다.

"자네가 중요하게 생각하고 고민하는 내용을 솔직히 말해주게. 그렇게 하면 자네의 요구와 내가 자네에게 원하는 것이 양립 가능한 방법을 찾을 수 있을 걸세."

"우리 모두가 윈윈할 수 있는 해결책을 함께 찾아보자고."

A 그룹의 a 유형　반박하는 사람, 금방 화내는 사람

상사의 말에 반박하고 금방 화를 내는 사람을 A 그룹 중에서도 a 유형이라고 부른다. 이 유형의 사람들은 훌륭하게 업무를 처리할 뿐 아니라 예리한 감각을 지니고 있다. 자기 나름의 신념도 업무에 대한 책임감이 있기에 갖는 것이니 이러한 부분은 인정해줄 필요가 있다.

부하가 반론을 제시하면 "아아, 그랬군" "그래, 그건 내가 잘못

| A 그룹 | 상사의 말을 들으려 하지 않는다. |

 a 유형: 반박하거나 화를 낸다.

 b 유형: 생각을 굽히지 않는다.

 c 유형: 과거의 경험에 집착한다.

 d 유형: 자신이 정한 범위를 벗어난 업무를 하려 하지 않는다.

한 것 같네"처럼 그가 했던 말을 그대로 반복하며 수용하는 태도를 보인다.

> 부하: 저는 ○○ 씨에게 제대로 말을 전했어요
> 상사: 그래, ○○ 씨에게 전했다고.

이렇게 부하의 말을 반복하면 a 유형을 설득하는 일이 쉬워진다. "그래, 자네는 ○○ 씨에게 말을 했는데 그 내용이 제대로 전달되지 않았군."

또 부하의 말을 들으며 요약과 경청의 기술을 사용하면 더욱 좋다. 상사가 자신의 의견에 귀를 기울이는 모습을 보이면, 감정이 격해진 나머지 하지 말아야 할 말을 내뱉었을 때에도 '내가 너무 심했나'라고 스스로 알아차리게 된다. 주의 깊게 말을 들어줌으로써 상대의 감정이 폭주하는 상황을 막는 것이다. 그러고 난 뒤엔 "그 점에 대해서는 이따가 다시 얘기하지"라는 말로 혼내는 이유와 상대의 반론을 구분해 이야기할 것을 제안한다.

만약 부하가 "○○ 씨가 잘못한 겁니다" "지시하신 내용이 좀 불명확하네요" 등과 같은 이야기를 꺼내더라도 "그렇군, 내가 확실하게 이야기하지 못한 것 같네. 그래, 그렇지"라며 일단 인정한 뒤 "하지만 지금은 그게 문제가 아니라, 어떻게 하면 다음부터 이런 실수를 막을 수 있을지 이야기하고 있지 않나. 자네가 말한 부분에 대해선 이따가 다시 듣겠네"라고 제안해보자.

A 그룹의 b 유형 ┃ 자기 생각을 굽히지 않는 완고한 사람

자신의 생각을 좀처럼 굽히지 않는 완고한 사람은 A 그룹 중에서도 b 유형으로 분류할 수 있다. 이 유형의 사람은 업무를 볼 때 자신만의 방식을 고수하고, 결과물의 완성도를 높이기 위해 수고스러운 일도 마다하지 않는다. 그러니 b 유형의 부하직원에겐 완벽을 추구하는 업무태도를 칭찬해주자. 그와 더불어, 업무 방식을 바꿔야 하는 이유와 근거를 적절히 제시하며 상대의 생각을 구체적으로 묻는 것이 중요하다. 어떻게 하면 부하도 납득할 수 있을지에 대해 함께 생각해보는 것이다.

상사: 그러니까 자네 말은, 정산 데이터를 더 세밀하게 살펴볼 필요가 있다는 거지?

부하: 그렇습니다.

상사: 그래, 그건 꼭 필요한 부분이지. 그것 말고 또 어떤 점이 필요하

다고 생각하나?

부하: 견적서의 정확성입니다. 가격이 너무 낮거나 너무 높으면 결국 고객에게 피해가 가니까요. 제대로 하지 않으면 고객 만족도가 떨어질 것이라 생각합니다.

상사: 그렇군. 잘 알겠네. 하지만 제출하기로 약속한 날짜가 내일이 니 오늘 오후까지는 완성해야 된다고 (나는) 생각하네. 게다가 견적서에 들어가는 사항도 전부 확정된 건 아니라서 지금까진 항상 견적서를 두세 번씩 만들었었지. 그렇기는 해도 어쨌든 자네가 중요하다고 생각하는 부분이니 어떻게 하면 기한 내에 제출할 수 있을지 함께 고민해보면 좋겠네.

이렇게 함께 의논하는 방식으로 이야기를 진행하면 보다 건설 적인 대화가 가능하다.

[A 그룹의 c 유형] **과거의 경험에 집착하는 사람**

"예전에는 이랬는데"라며 과거의 경험에 집착하는 c 유형의 사 람은 근속기간이 길거나 상사보다 나이가 많은 경우도 많기 때 문에 이들에겐 존중하는 태도를 보이는 것이 좋다. 또한 이 유형의 사람이 지니고 있는 다양한 업적과 업무 노하우를 인정하고 충분히 칭찬하도록 한다.

"김 부장님이 계셔서 정말 다행입니다. 정말 모르는 게 없으시네요."

"윤 차장이 팀원들까지 잘 챙겨주니 정말 안심이 되네."

이처럼 본론에 들어가기 전에 평소 그 부하직원을 보며 고마움을 느꼈던 부분에 대해 감사의 말을 전한다. 그 뒤에 '나는 (당신이) 다음부턴 이렇게 해주면 좋겠다'며 새로운 방법과 그 필요성을 말하고 이해를 구한다.

"김 부장님의 경험은 우리 회사의 소중한 자산입니다. 저는 그 경험에 새로운 방법을 적용해보고 싶고요. 의견이 있으시면 언제든 말해주세요."

이처럼 비록 방법은 다르지만 지금까지의 경험을 살려 회사에 계속 도움이 되어주길 바란다는 점, 그리고 앞으로도 회사를 위해 자신과 협력해주기를 부탁하는 편이 좋다.

A 그룹의 d 유형 자신이 정한 범위 안의 업무만 하는 사람

A 그룹의 d 유형에 해당하는 사람들은 '내 업무는 여기까지

야'라며 스스로 정한 업무 범위 내의 일만 하고 더 이상 업무를 늘리지 않으려 한다. 때문에 이 유형의 사람에게 범위를 벗어난 일을 지시하면 거부반응을 보인다. 하지만 본인의 다양한 경험과 회사의 업무방침 변경 등에 대응하기 위해서라도 항상 같은 일만을 고수할 수는 없는 노릇이다.

이러한 부하에게는 먼저 그 사람이 자신의 업무 범위라 여기는 일을 완벽히 해내고 있는 점을 칭찬한다. "자네가 고객정보를 정확히 입력해준 덕에 업무가 아주 편해졌어" 등과 같은 말로 업무를 안심하고 맡길 수 있다는 점에 감사를 표하는 것이다. 이어 "자네처럼 훌륭한 인재는 다른 일도 충분히 잘할 수 있을 거라고 생각하네"라며 부하에 대한 기대를 전달하고 그의 의견을 묻는다.

d 유형의 사람은 '내가 맡은 일은 완벽히 처리하고 있으니 이 이상 업무를 늘리고 싶지 않아'라고 생각하는 경우가 많다. 그리고 그에 대해선 저마다 '내 능력에 자신이 없어서'라든가 '개인적인 취미생활을 위한 시간이 필요해서' 등 여러 다양한 이유를 갖고 있다. 물론 밝히고 싶지 않은 이유라면 말하지 않을 수도 있지만, 일단은 그 직원이 일을 늘리고 싶지 않은 이유를 물어보는 편이 좋다.

d 유형에게 쓴소리를 할 때는 부하와 함께 해결책을 찾으려는 태도를 보이는 것이 중요하다. 부하의 고민과 상사의 요구, 두 마리 토끼 모두를 잡을 수 있는 방법을 함께 고민해봐야 하는 것이다.

물론 계약사원의 경우처럼 실제로 업무 범위가 한정된 경우엔 정해진 것 이상의 일을 요구하면 안 된다. 하지만 그 사원 자신이 충분하다고 생각하는 업무 범위가 계약서에서 정한 내용에 미치지 못하는 경우도 있을 수 있다. 그럴 때는 이렇게 말하면 된다.

"꼼꼼하게 일을 처리해줘서 정말 고맙네. 그런데 계약서에는 다른 업무도 함께 하는 거로 되어 있을 텐데. 다시 한 번 내용을 확인해보면 좋겠어. 자네는 우수한 직원이니 다른 업무도 충분히 잘할 수 있을 걸세."

B 그룹
순순히 말을 잘 듣지만
잘못된 행동을 계속한다

●○●

지적받은 행동을 부정하지 않으며 사람에 따라서는 반성의 기색도 보이지만, 정작 행동의 개선까지는 이어지지 않는 사람이라면 B 그룹으로 분류된다. 이 그룹의 사람에게 쓴소리를 할 경우엔 '쓴소리 시나리오'의 3단계(상대의 생각 묻기)와 4단계(해결책을 생각할 시간 주기)에 특히 신경 써야 한다.

B 그룹을 위한 쓴소리 시나리오(3~4단계를 중점적으로)

- **사전준비: 준비 및 분위기 조성**   예) "항상 고맙네."
- **1단계: 객관적 사실 제시하기**   예) "지난번에 이런 일을 했었지?"
- **2단계: 요구사항 전달하기**   예) "나는 자네가 이렇게 해준다면 좋겠네."
- **3단계: 상대의 생각 묻기**   예) "자네는 어떻게 생각하나?"
- **4단계: 해결책을 생각할 시간 주기**   예) "앞으로 어떻게 하면 좋을까?"
- **5단계: 상대를 지원하기**   예) "내가 도울 수 있는 일이 있으면 언제든 말하게."
- **마무리: 격려와 응원 해주기**   예) "오늘 시간 내줘서 고맙네. 앞으로도 열심히 해줘."

B 그룹의 a 유형 "네! 네!" 대답만 잘하는 사람

쓴소리의 원인인 잘못된 행동을 바로 인정하고 사과하며 반성하는 모습도 보이지만, 정작 문제 행동을 고치려 하지 않는 유형이다. "네! 네!" 하며 대답만 잘한다는 특징도 있다.

이러한 사람들 중에는 성격이 낙천적이고 생각이 유연한 이가 많다. 잘못된 행동이 개선되지 않는 이유는 그가 악의를 가지고 일부러 그러기 때문이 아니라 쓴소리 자체를 심각하게 받아들이

| B 그룹 | 말은 잘 듣지만 잘못된 행동을 계속한다. |

a 유형: 대답만 잘한다.

b 유형: 일처리가 능숙하지 못하다.

c 유형: 의욕이 없는 고참 사원

지 않기 때문이다.

상사가 "이 일에 대해 자네는 어떻게 생각하나?"라고 물으면 "제가 잘못했습니다" 혹은 "정말 죄송합니다"라고 사과하며 어떻게든 대화를 빨리 끝내려 할지도 모른다. 하지만 절대 어영부영 넘어가서는 안 된다. "그래서 뭘 잘못했다는 건가?"와 같은 질문을 던져 구체적인 답변을 끌어내고, 이야기를 들은 후에는 아래와 같이 정리해주자.

"그러니까 거래처에 전화하는 걸 깜빡했다는 거지?"

"어떻게 해야 하는지 몰라서 실수했다는 거지?"

이렇게 서로 확인하고 합의를 거친 다음 4단계(해결책을 생각할 시간 주기)로 넘어간다.

a 유형의 사람에게 해결책을 물으면 "다음부터는 절대 잊어버리지 않겠습니다!"하며 순순히 대답하는 경우가 많다. 하지만 그 말만 듣고 안심하면 문제 행동은 절대 개선되지 않는다. 그러니 대답을 듣고 그냥 넘어갈 것이 아니라 **상대가 생각한 해결책을 보다 구체적으로 만들기 위해 육하원칙에 근거한 질문을 던지자.** 단, 이때는 따져 묻는 말투가 되지 않도록 유의해야 한다.

더불어 상사가 부하직원에게 "그래, 그러면 거래처에는 언제 전화하는 게 좋겠나?"(혹은 "누구에게 전화하면 좋을까?" "어떻게 이야기하는 게 좋을까?" 등)라고 질문했을 때 부하가 "내일 다시 전화하겠습니다"라고 대답하면 "내일 몇 시쯤?" 하며 정확한 시간까지 확인하는 편이 더욱 좋다.

부하: 내일 10시쯤 전화해보겠습니다.

상사: 만약 담당자가 자리에 없으면 어떻게 할 건가?

부하: 부담당자에게 내용을 전달해달라고 부탁해놓겠습니다.

상사: 부담당자가 있으면 그렇게 하는 게 좋겠군. 그 내용이 뭐였지?

부하: 제작을 의뢰한 제품의 사양이 변경되었으니 다시 한 번 미팅을 했으면 한다는 내용입니다.

상사: 그래, 잘 알고 있군. 믿어도 되지?

부하: 네!

상사: 잘 부탁하네. 통화한 후엔 내게 다시 한 번 알려주고.

이렇듯 세세하고 구체적인 질문을 던져 부하가 그 해결책을 스스로 실천할 수밖에 없도록 만든다. 부하가 말한 내용을 메모했다가 함께 볼 수 있는 곳에 증거로 남겨두는 것도 좋은 방법이다.

원래 다른 사람에게 무언가를 시키는 일은 어려운 법이지만, B그룹의 a 유형에 속하는 사람을 움직이게 하는 데는 특히 더 많은 노력이 필요하다.

제1장에서 나는 사람을 움직이게 하는 방법으로 '당근 관리 방법'과 '채찍 관리 방법'을 소개한 바 있다. 이 두 방법은 전혀 다르지만 둘 모두에서 공통으로 중요한 핵심은 '언제, 어디서, 무엇을, 어떻게 할 것인가'와 관련된, 즉 행동 그 자체에 대한 이미지와 그 행동의 결과를 부하로 하여금 상상하게 하는 것이다. 멋진 미래를 떠올리게 하는 것도 좋고 슬픔이나 고통을 떠올리게 할 수도 있다. 물론 당근 관리 방법이 채찍의 경우보단 더 바람직하지만, 자신의 행동에 뒤따라올 결과를 생생하고 구체적으로 상상하게 만드는 방법이라면 어느 것이든 훨씬 쉽게 부하를 움직일 수 있다.

하지만 A 그룹 사람들에게는 이렇게까지 자세히 말할 필요가 없다. 그들은 자신의 생각이 바뀌기만 하면 알아서 잘 실행에 옮기기 때문이다.

만약 이렇게 꼼꼼하게 확인을 했음에도 이튿날 부하가 결과를 보고하지 않는다면 어떻게 해야 할까? 이 경우에는 같은 대화를 다시 한 번 반복해야 한다.

"어제도 말했었지? 자네도 약속했었고 말일세. 그런데 왜 전화를 안 한 건가?"

"항상 긍정적인 자네가 약속한 일이고 꼭 지켜줄 거라 믿었기 때문에 벌써 세 번이나 얘기하는 거라네. 하지만 자네가 제대로 해주지 않으면 다음부턴 그냥 이야기하는 것에서 끝나지 않을 걸세."

이때 "벌써 ○ 번이나"라고 정확한 횟수를 말하기 위해서라도 부하와의 대화를 기록해둘 필요가 있다.

B 그룹의 b 유형 일을 적당히 처리하는 사람

지시한 일은 빠릿빠릿하게 잘 처리하지만, 스스로 기획하거나 새로운 일에 도전하는 등의 어려운 일은 회피하는 사람들이 바로 b 유형이다. 이들은 쉽고 간단하게 처리할 수 있는 일만 하려 들기 때문에 유심히 살펴보지 않으면 일처리가 빠르고 유능해 보이지만, 결과물을 따져보면 질적으로 부족한 경우가 많다.

이런 b 유형의 부하직원에게 쓴소리를 할 때는 사전준비(준비와 분위기 만들기)에 더 많은 시간을 들여 칭찬해주자.

"자네가 정리해주는 월간업무 연락이 대리점들 사이에서 무척 평이 좋더군. 항상 깔끔하게 잘 써줘서 고맙네."

그러고 나서 1단계로 넘어가 객관적 사실을 제시한다. 이때 구체적인 예를 들어 이야기하면 더욱 좋다.

"그런데 이번 달은 좀 아쉬웠다네. 특별기획이 있으니 그 의미와 목적을 좀 더 살려서 해줬으면 했는데 잘 안 된 것 같아."

또 요구사항을 전달할 때에도 다음과 같이 내용을 구체적으로 언급하는 것이 중요하다.

"이쪽에 광고가 있어야 하는데 안 들어갔더군."

"자네라면 속도와 질 모두를 더 높일 수 있을 거라고 기대하네."

사실 b 유형은 시행착오를 거쳐 일하는 것에 대개 서툴다. '일하는 방법'을 궁리하고 고민하지 않기 때문이다. 어려운 일에 새롭게 도전하거나 자신이 지금까지 해보지 않았던 일을 실행에 옮기기 힘들어하기 때문에, 부하가 스스로 노력하기만을 기다린다면 좀처럼 일이 진행되지 않을지도 모른다. 그러므로 이럴 때 상사는 '효율적으로 일하는 방법'을 함께 고민하는 입장이 되어야 한다.

상사: 기획 목적을 확실히 전달하려면 어떻게 하는 게 좋겠나?

부하: 음, 그러니까……. 예전 자료 중에 참고할 만한 것이 있는지 찾아보겠습니다.

이렇듯 자신이 해야 할 일이 구체적으로 정해지고 나면 업무도 일사천리로 진행될 것이다. 하지만 상사의 도움이 없는 상태에서 스스로 생각하고 일하기를 기대하긴 힘들다. 그러니 해결책을 생각할 시간을 주는 4단계에서도 좀처럼 부하로부터 대답이 나오지 않을 때는 "이렇게 해보는 건 어떨까?"라며 슬쩍 힌트를 주는 것도 현명한 방법이다. 그러나 처음부터 정답을 얘기해줘서는 안 된다. 상사는 어디까지나 제안을 통해 부하가 적극적으로 대화에 참여하고, 대화를 통해 스스로 해야 할 일을 찾을 수 있게 도와주어야 한다.

B 그룹의 c 유형 | 의욕이 없는 고참 사원

승진을 포기한 고참 사원 중에는 업무 의욕을 잃은 사람도 있다. 쓴소리를 해도 겉으로는 순순히 대답하며 듣는 척하지만, 의욕이 없으니 문제 행동이 개선될 리 만무하다. 이런 유형에게는 그 사람이 갖고 있는 경험과 노하우를 인정하면서 "여기는 이렇게 해주면 좋겠어요."라고 개선사항을 구체적으로 전달해야 한다. 그리고 "혹시 다른 의견이나 아이디어가 있으면 얘기해주세요"라고 요청한다.

그 말에 상대가 "저라면 이렇게 하겠습니다"와 같이 조금이라도 흥미를 보이면 "그건 어떻게 하는 건가요?" 혹은 "오, 그런 방법도 있군요" 등과 같이 긍정적인 반응을 보여준다. c 유형의 사람들 중에는 그간 회사에서 주목받지 못한 이가 많다. 때문에 자신의 아이디어가 좋은 반응을 얻으면 틀림없이 기뻐할 것이다. 더불어 그 아이디어에 함께 참여하도록 유도까지 하면 더욱 좋다. 설사 상사인 내가 내놓은 아이디어라 해도 그 직원의 공으로 돌리는 것 역시 좋은 방법이다.

조금 다른 얘기이긴 하지만, **상사의 역할은 자신이 내놓은 아이디어도 부하가 생각해낸 것처럼 해서 부하에게 영광을 돌리는 것**이라고 나는 생각한다. 아이디어의 30퍼센트를 상사가, 70퍼센트를 부하가 생각해낸 경우는 물론 상사가 70퍼센트, 부하가 30퍼센트를 생각한 경우에도 "정말 훌륭한 아이디어야"라며 칭찬을 아끼지 않는 상사야말로 부하의 기를 살려주는 좋은 상사다.

C 그룹
부정적 반응을 보인다

●○○

C 그룹의 사람들은 쓴소리를 하면 부정적 반응을 보인다. 굳게 입을 다물거나, "어차피 다 제 잘못이죠, 뭐" 하며 뾰로통한 태도를 보이는가 하면 울음을 터트리는 사람도 있다. A 그룹은 '쓴소리 시나리오'의 전반, B 그룹은 후반을 집중적으로 신경 써야 하는 데 반해 C 그룹은 상황에 따라 중점적으로 다루어야 할 부분이 달라진다.

C 그룹을 위한 쓴소리 시나리오(1~4단계를 중점적으로)

- **사전준비: 준비 및 분위기 조성**   예) "항상 고맙네."
- **1단계: 객관적 사실 제시하기**   예) "지난번에 이런 일을 했었지?"
- **2단계: 요구사항 전달하기**   예) "나는 자네가 이렇게 해준다면 좋겠네."
- **3단계: 상대의 생각 묻기**   예) "자네는 어떻게 생각하나?"
- **4단계: 해결책을 생각할 시간 주기**   예) "앞으로 어떻게 하면 좋을까?"
- **5단계: 상대를 지원하기**   예) "내가 도울 수 있는 일이 있으면 언제든 말하게."
- **마무리: 격려와 응원 해주기**   예) "오늘 시간 내줘서 고맙네. 앞으로도 열심히 해줘."

C 그룹의 a 유형 금세 울음을 터트리는 사람

쓴소리를 하면 눈물부터 흘리는 사람이 바로 이 유형이다. 나도 예전에 부하직원을 울렸던 적이 있다. 아마 한두 시간 정도 야근을 하고 있었을 때였을 것이다. 부하직원이 작성한 보고서를 보며 "여기랑 여기 좀 고쳐주게"라고 지적하고 "내일까지 제출해야 하니 잘 부탁하네"라며 보고서 수정을 지시했는데 부하가 갑자기 울음을 터트려버렸다.

| C 그룹 | 부정적 반응을 보인다.

 a 유형: 울음을 터트린다.

 b 유형: 교환조건을 내건다.

 c 유형: 굳게 입을 다문다.

 d 유형: 다른 사람 탓 혹은 변명을 한다.

부하 입장에서는 내가 세 번이나 수정을 지시한 데다 "아까 내가 이렇게 고치라고 했는데 왜 안 고친 건가"라는 말까지 하자 어떻게 해야 할지 몰라 당황했던 것 같다. 그 부하는 당시 23세로 나이도 아주 어렸다.

나는 부하를 꾸짖을 생각이 전혀 없었지만 말투가 거칠었을지도 모른다. 기술적인 부분을 지적했을 뿐인데 눈물을 흘리는 모습을 보고선 당황해서 "왜 우는 거야. 울지 말게" 하고 달래주었던 기억이 난다.

어엿한 성인이 회사에서 우는 것은 결코 칭찬받을 만한 일이 아니다. 하지만 **운다는 것은 그 사람이 자신의 잘못을 진심으로 반성하고 있다는 증거**이기도 하니, 그런 직원과는 충분히 대화가 가능하다.

이런 경우 가장 중요한 것은 상대가 눈물을 보여도 당황하지 않는 것이다. 갑자기 쓴소리를 중단해서는 안 된다는 뜻이다. 상대가 울기 시작하면 일단 이야기를 멈추자. 상대는 감정이 고조된 상태라 당신이 무슨 말을 해도 귀에 들리지 않을 것이다. 그러니 진정될 때까지 잠시 기다리는 편이 좋다.

상대가 울면 자신도 모르게 "내가 말이 심했군. 미안하네"라며 저절로 사과의 말이 튀어나올 수도 있지만 사과할 필요는 없다. 그저 가만히 상황을 지켜보는 것으로 충분하기 때문이다.

"조금 기다리겠네"라며 부하가 진정될 때까지 1~2분 정도를 기다리고, 울음을 그치면 "아까 하던 이야기를 마저 하지"라며 대화를 이어간다. 시나리오 그대로 부하를 칭찬하고, 객관적 사실을 제시하고, 요구사항을 말하고, 의견을 물으면 된다.

단, 이 유형의 사람과 대화할 때는 상대의 이야기에 더욱더 적극적으로 공감해줘야 한다.

"그랬군, 그렇게 열심히 해준 줄 몰랐네."

"아, 거기가 아니라 여기를 이렇게 고쳤었군."

"이건 왜 이렇게 쓴 거지? 아아, 그래서 이렇게 쓴 거였군. 그런데 내가 조금 잘못 말한 것 같네. 내가 얘기하려던 건 이게 아니라 저거였거든."

이렇게 상대의 말에 공감을 표시하는 것이 중요하다는 뜻이다. "회사에서 울다니 사회인으로서의 기본이 안 됐어"라며 우는 행동 자체를 혼낼 필요는 없다. 혼내도 소용없는 부분이기 때문이다. 이야기를 잘 들어주면 부하도 자연스럽게 '울 필요는 없다'는 사실을 깨닫게 될 것이다.

물론 '울어버리면 뭐라고 못하겠지'라는 의도하에 동정심을 얻으려고 우는 행동은 지적해야 한다. 하지만 그렇게 나쁜 의도를 갖고 행동하는 사람은 드물다.

또한 혼나면 '내가 나빠'라며 과도하게 자신을 책망하거나 비관적인 반응을 보이는 유형의 부하직원을 혼낼 땐 반드시 내면을 인정해주는 말부터 시작해야 한다. 이럴 때 도움이 되는 것이 **'리프레이밍reframing', 즉 생각의 관점을 바꾸는 방법**이다. 예를 들어 비관적인 사고방식은 단점일 수도 있지만 달리 말하면 모든 일이든 진중하게 생각하고 행동한다는 의미에서 장점이 되기도 한다. 이렇게 리프레이밍을 이용하면 부하의 좋은 점을 인정하기 쉬워진다. 또 상대가 비관적으로 보고 있는 현실을 '다른 시각에서 생각해볼 수 있다'는 사실도 리프레이밍을 통해 알려줄 수 있다.

다시 말해 이런 유형의 상대와 대화를 할 때 그가 부정적인 의견을 표현하면 우선은 그 생각에 공감해주는 한편, 현재 상대가 비관적으로 받아들이고 있는 사실을 리프레이밍하여 새롭고 긍정적인 생각을 말해주면 되는 것이다.

"자네는 자네가 깜빡 잊고 실수를 한 게 문제라고 말했지. 하지만 이번 일은 거래처에서도 자신들이 충분히 설명하지 못한 탓에 발생한 것이라 하고, 또 이전 책임자가 잘못한 부분도 있으니 자네가 그렇게 죄책감을 느낄 필요는 없네."

"자네가 지금까지 적극적으로 움직여준 덕에 일도 지금까지 아무 문제없이 진행되었지 않나. 이번 일은 그냥 자네가 확인 전화를 하지 않아서 잠시 일어난 혼란이었을 뿐이네. 게다가 이번 일로 거래처에서도 자네의 성실함을 인정해주었으니 길게 보면 오히려 이득 아니겠는가?"

이 예에서 상사는 성격이 급하고 업무 처리는 빠르지만 꼼꼼하지 못한 부하를 '급한 성격으로 종종 실수함 → 행동이 빠름'으로 바꾸어 리프레이밍하고 있다. 또 길게 보면 이번의 문제는 오히려 좋은 일이라고 해석한 것 역시 리프레이밍에 해당한다.

부하직원이 C 그룹의 a 유형이라면 해결책을 생각할 시간을 주는 4단계에 많은 시간을 할애해야 한다. 이 유형처럼 **'다 내 잘못이야'라고 생각하는 사람은 스스로 자신을 부정하고 사고가 정지된 상태라 해결책을 생각해내는 것도 어렵기 때문이다.** 그러므로 상대의 행동이나 결과 등 외적인 부분에 주목, 앞으로 어떻게 하면 바람직한 행동을 할 수 있을지에 대해 건설적인 이야기를 나눠야 한다.

"어떻게 하면 실수를 막을 수 있을지 생각해보게"처럼 상대와 대립하는 형태가 아니라 "나는 자네를 돕고 싶네" "자네 문제를 해결할 수 있는 방법을 함께 찾아보세"와 같은 태도로 인내심 있게 대화를 나누다 보면 부하도 긍정적인 대답을 내놓을 것이다. 쓴소리는 대화를 통해 서로를 이해하는 과정이기도 하다.

C 그룹의 b 유형 교환조건을 내거는 사람

'쓴소리 시나리오'에서는 5단계(상대를 지원하기)에서 "내가 도울 수 있는 일이 있으면 언제든 말하게"라고 얘기하는데, 이때 다음과 같이 교환조건을 내거는 사람이 있다.

"오늘 말씀하신 대로 하겠습니다. 대신 얼마 전 제게 지시하셨던 업무는 빼주십시오."

이런 말을 들었을 때, 부하의 요구가 정당하다고 판단될 경우엔 그렇게 해주면 된다. 하지만 상사가 지적한 내용을 개선하는 조건으로 업무분장의 변경을 요청하는 것은 용납되어선 안 된다. 그러니 만약 부하가 이러한 교환조건을 제시하면 단호히 거절하자.

"그건 불가능하네. 업무분장은 각자의 능력과 역할에 맞게 고심해서 결정한 걸세. 너무 바쁘고 여러 일이 겹쳐 불가피한 상황일 땐 인력을 보충하거나 시기를 조절해보겠네만, 지금이 그런 상황인가?"

이렇게 말하고 구체적인 이야기를 들어보도록 하자.

C 그룹의 c 유형 무표정하게 입을 다물어버리는 사람

C 그룹의 c 유형에 속하는 사람들은 무슨 말을 해도 반응을 보이지 않거나 굳게 입을 다문 채 아무 말도 하지 않아 오히려 혼내는 사람을 불안하게 만든다. 상대가 무슨 생각을 하는 건지 도통 알 수가 없기 때문이다. 하지만 그들은 그저 자신이 혼나는 이유나 다른 사소한 일에 대해 골똘히 생각하는 중이라 말이 없어진 것일 수도 있으니 불안해하지 않아도 된다.

이러한 유형은 평소 업무도 빈틈없이 처리하는 경우가 많으므로 사전준비 단계(준비와 분위기 만들기)에서 시간을 들여 "자네는 정말 작은 것 하나도 놓치지 않는군"과 같이 꼼꼼한 성격을 칭찬한 뒤, 거기에서부터 이야기를 진행해나간다.

"자네가 쓴 보고서 잘 읽었네. 세세한 부분까지 잘 조사해줘서 고맙네."

준비 단계에서는 혼나는 이유와 상관없는 주제여도 좋으니 대화 분위기 조성을 위해 조금 길게 이야기하는 편이 좋다.

"이렇게 꼼꼼하게 잘 정리하다니 정말 훌륭해. 자료는 어떻게 조사한 건가?"

이렇게 물어보면 부하도 기분이 좋아져서 구체적으로 대답해 줄 것이다.

"과거 주문량의 추이를 조사해서 월별로 평균을 내봤습니다."

이런 식으로 대화를 나누다가 부하의 긴장이 풀어지면 1단계(객관적 사실 제시하기)로 넘어간다. 사실을 지적할 때에도 콕 집어 이야기하지 말고 부드럽게 풀어내야 한다.

"그런데 물어보고 싶은 게 있네. 지난달에 자네가 공사가 늦어진다는 보고를 하지 않았었던 일 말일세."

얘기를 꺼내자마자 부하가 입을 다물어버리는 것이 느껴지면 부드러운 말로 타이른다.

"천천히 생각해도 괜찮네. 떠오르는 일이 있으면 말해주게."

c 유형과 대화할 때의 성패는 사전준비 단계(준비 및 분위기 조성)에서 얼마나 분위기를 잘 만들어두는가에 달려 있다. 아직 마음 열 준비가 되지 않은 부하에게 눈에 뻔히 보이는 칭찬을 하다가 갑자기 쓴소리를 시작하면 부하는 아무 말도 하지 않을 것이

다. 이러한 사람들과 대화를 하려면 평소 상대를 유심히 관찰하고 그 내용을 대화에서 살리는 것이 중요하다.

C 그룹의 d 유형 남의 탓으로 돌리거나 변명만 늘어놓는 사람

조금 주의를 주었을 뿐인데 "죄송합니다"라는 말보다는 "그건 박 대리가 서류를 다른 데 두는 바람에……" 하는 식으로 변명부터 먼저 늘어놓는 사람이 있다.

이러한 부하에게 쓴소리할 때는 "자네는 참 기운이 넘치는군. 자네 인사 소리 덕분에 회사가 다 밝아지는 것 같아"처럼 평소의 행동을 칭찬하는 말로 대화를 시작한다. 유심히 잘 관찰하면 분명 좋은 점을 발견할 수 있을 테니 꼭 찾아두도록 한다.

'쓴소리 시나리오'에 따라 이야기하는 동안에도 그 직원은 분명 변명을 늘어놓거나 다른 사람에게 책임을 떠넘기려 할 것이다. 하지만 "그게 아니잖나" "박 대리는 다르게 말하던데" "계속 다른 사람 탓만 할 건가?"와 같이 부하의 말을 무조건 부정해서는 안 된다. 상대의 말에 당신이 동의할 수 없다 해도 상대가 그렇게 생각하고 있다는 것은 사실이니 우선은 그 사실을 인정해 줘야 한다.

"아아, 그렇게 생각하고 있었군."

"자네는 박 대리가 잘못했다고 생각하고 있는 거였군."

이렇게 공감을 표해준 뒤, 자신의 생각은 그 뒤에 I 메시지로 말한다.

"**나는** 자네가 서류에 대해 잊어버리는 바람에 문제가 생긴 것 같은데, 어떻게 생각하나?"

그리고 부하의 말을 반복해서 사실을 확인한다.

"아, 복사 용지가 다 떨어져 복사를 못했던 거군."

부하가 계속해서 다른 사람 탓만 하면 대화의 논지가 흐려질 수도 있다. 하지만 그렇다 해서 형사가 범인을 취조하는 듯한 말투로 따져 묻는 것은 바람직하지 않다.

"이것 보게. 자네 잘못이지 않나"가 아니라 "어려운 문제이긴 하지만 어떻게든 해결은 해야지. 자네가 책임지고 해결해주면 더 쉽게 일이 풀릴 것 같은데"와 같이 부하가 자신의 문제로 받아들일 수 있도록 유도한다.

그래도 책임을 인정하지 않는다면 다음과 같이 가정형의 질문을 통해 해결책을 생각하게 해보자.

"박 대리 문제는 내가 따로 얘기해보겠네. 그런데 이번 문제 같은 일이 다시 생기지 않도록 자네가 할 수 있는 일은 없을까?"

'박 대리가 서류를 다른 곳에 두었던 것이 문제라 해도, 자네가 개선해야 할 점이 있다면 어떤 점이 있겠나?"

'박 대리에게는 따로 주의를 주겠네. 그런데 재발 방지를 위해서는 자네도 무언가 해야 하지 않을까?'

이렇게 말하면 흑백을 가리지 않더라도 이야기가 가능하다. 이처럼 '만약 ~한다면'이라는 형태로 질문하는 방식을 '가정형as if 프레임'이라고 한다.

다만 갑작스럽게 가정형 질문을 꺼내면 부하가 "지금 제 말을 믿지 않으시는 건가요?"라며 반박할 수도 있다. 때문에 그런 상황이 발생하지 않도록 사전에 충분히 부하의 이야기를 듣고, 본인 스스로 논지가 흐려지고 있다는 사실을 느끼게끔 해야 한다. 아무리 어처구니없는 변명이라도 잘 들어주면 상대의 마음속 컵은 텅 비워질 테고, 그러기를 기다렸다가 이야기를 꺼내면 상대도 얘기를 들을 여유가 생길 것이다.

아무리 혼내도
소용없는 사람 대처법

●○○

주유소를 경영하고 있는 지인에게서 들은 이야기를 소개한다.

수습 기간에는 누구보다 열심히 일했지만, 막상 정식으로 채용이 되자 게으름만 피우는 직원이 있었다. 아무리 주의를 줘도 전혀 나아지지 않아 어쩔 수 없이 해고해야만 하는 상황에까지 이르렀다. 그런데 알고 보니 사실 그 직원은 처음부터 제대로 일할 생각이 없었고, 그저 편하게 일하고 월급을 받는 것이 목적이었다.

이 이야기 속의 사람은 드물게 악질적인 경우지만, 이처럼 아무리 혼내도 전혀 효과가 없는 사람은 분명히 존재한다. 무척 난감한 상황이지만 그럴 때 우리가 할 수 있는 일은 대략 세 가지다.

1. 일정 부분을 포기하고 적당히 맞춰준다.

2. 포기하지 않고 계속 혼낸다.

3. 더욱더 심하게 혼낸다.

대개의 경우엔 세 번째 방법을 선택한다. 상대에 따라 대응법을 고심하고, 방법을 조금씩 바꾸면서 점점 더 심하게 혼내는 것이다. 하지만 이럴 때는 강한 말투로 윽박지르는 것이 아니라 "자네가 내 입장이라면 어떻게 하겠나?"처럼 질문의 관점을 바꾸는 편이 더 효과적이다.

물론 이렇게 해도 전혀 나아지지 않아 어쩔 수 없이 해고를 고려해야 하는 경우도 있지만, 법률상 한 번 정직원으로 채용한 사람은 해고하기도 어렵기 때문에 할 수 있는 데까지 최대한 이야기를 나눠볼 수밖에 없다.

만약 내가 이런 부하와 대화하게 된다면 다음과 같은 말로 설득할 것 같다. 여러분에게도 참고가 되었으면 한다.

"지금까지 몇 번이나 이야기했는데 자네는 전혀 변하지 않는군. 내가 어떻게 해야 하겠나?"

"나는 자네가 나아질 거라 믿고 있었는데 아무래도 힘들어 보이는군. 하지만 자네 행동으로 주위 사람들에게까지 악영향을 끼치는 것만은 막고 싶네. 협조해주겠나? 만약 못하겠다면 나는 자네에 대한 평가를 다시 생각해볼 수밖에 없다네."

제 5 장
. . . .

상황별
쓴소리 대화법

문제 행동과 상황별로
다른 쓴소리

●○●

지금부터는 부하의 잘못된 행동과 상황에 따른 쓴소리 방법을 구체적으로 소개하려 한다.

상사인 나의 눈으로 보면 일머리가 없거나 새로운 일에 도전하려 하지 않는 부하의 모습이 답답하게 느껴질 때도 있다. 하지만 그렇게 느끼는 이유는 내가 현재의 내 모습을 기준으로 삼고 있기 때문이다. 내게 식은 죽 먹기처럼 쉬운 일이니 부하에게도 으레 그럴 것이라 착각하는 것이다.

과연 지금 부하 나이였을 때의 나는 어떤 직원이었을까? 그때의 내가 지금 부하의 상황과 맞닥뜨렸다면 어떻게 행동했을까?

어쩌면 지금 부하와 별반 다르지 않았을지도 모른다. 이렇게 생각하면 마뜩찮은 부하의 행동도 조금 더 너그러운 마음으로 바라볼 수 있다.

여기에서 다시 한 번 쓴소리 시나리오를 떠올려보자. 이 시나리오를 확실히 숙지하고 습관으로 만들면 다양한 상황과 상대에 맞게 활용할 수 있다. 이제부터는 차근차근히 몇 가지 구체적인 케이스를 살펴보기로 한다.

쓴소리 시나리오

- **사전준비: 준비 및 분위기 조성**   예) "항상 고맙네."
- **1단계: 객관적 사실 제시하기**   예) "지난번에 이런 일을 했었지?"
- **2단계: 요구사항 전달하기**   예) "나는 자네가 이렇게 해준다면 좋겠네."
- **3단계: 상대의 생각 묻기**   예) "자네는 어떻게 생각하나?"
- **4단계: 해결책을 생각할 시간 주기**   예) "앞으로 어떻게 하면 좋을까?"
- **5단계: 상대를 지원하기**   예) "내가 도울 수 있는 일이 있으면 언제든 말하게."
- **마무리: 격려와 응원 해주기**   예) "오늘 시간 내줘서 고맙네. 앞으로도 열심히 해줘."

케이스 1
기본 예절을 갖추지
못한 경우

●○○

케이스 1은 사회인으로서 갖춰야 할 최소한의 예절이 부족한 경우다. 쓴소리 대상은 신입사원이나 사회생활 경험이 얼마 없는 젊은 직원이다.

□ 인사를 하지 않는다. 목소리가 작다.

□ 지각(출근 시간, 회의 시간 등)이 잦다.

□ 보고, 연락, 상담을 하지 않는다.

□ 정리정돈이 서투르다.

□ 업무 중 자주 자리를 비운다.

□ 업무 시간에 스마트폰을 사용한다.

이처럼 기본 예절을 갖추지 못한 채 사회생활을 하는 직원은 많은 어려움을 겪게 된다. 때문에 본인을 위해서라도 상사 입장에선 되도록 빨리 지적해주는 것이 좋다.

쓴소리 대화법의 구체적 예 | **인사를 하지 않는 직원**

사전준비: 준비 및 분위기 조성

상사: 재민 씨, 요즘 수고가 많네. 입사한 지 이제 6개월 정도 됐지?
　　　어때, 업무는 조금 익숙해졌나?

부하: 네, 그럭저럭 익숙해졌습니다.

상사: 그건 참 다행이군. 그런데 요즘 좀 마음에 걸리는 일이 있어서 말이야. 지금 잠깐 시간 괜찮나?

1단계: 객관적 사실 제시하기

상사: 사실 이번 주 내내 신경이 쓰였는데. 아침에 인사할 때 기운이

없는 것 같아. 어제 외근 다녀온 뒤엔 아예 인사도 안 하더군.
막 입사했을 때는 그렇지 않았잖아?

2단계: 요구사항 전달하기

상사: 내가 항상 팀원들에게 강조하던 말이 있는데 혹시 기억하고
      있나?

부하: 네, 다른 건 못해도 좋으니 인사만은 제대로 하라고······.

상사: 맞네. 큰 목소리로 제대로 인사해야 한다고 말했었지. 이전까
      지는 잘해줘서 고맙게 생각하고 있었는데 요즘은 좀 실망스러
      워. 내가 왜 이렇게 인사를 중시한다고 생각하나?

부하: 인사는 커뮤니케이션의 수단이고 업무도 원활히 할 수 있게 해
      주니까요.

상사: 그렇다네. 모든 일의 시작은 인사야. 자네도 잘 알고 있지 않은가.

3단계: 상대의 생각 묻기

상사: 요즘 자네가 인사를 제대로 하지 않는 것에 대해선 어떻게 생
      각하나? 무슨 일이라도 있나?

부하: 아닙니다. 그냥 잊어버려서……. 그리고 선배들도 인사를 열심히 하지 않는 것 같아서요.

상사: 그래, 회사에 익숙해진 만큼 긴장이 풀려서 그랬군. 선배들도 인사를 잘 안 하니 그래도 된다고 생각한 거고 말일세.

부하: 문 대리님이나 양 과장님도 잘 안 하시는걸요.

상사: 음, 물론 열심히 하지 않는 사람도 있지. 매번 열심히 하기는 힘들 수도 있어. 나도 그렇고 말일세. 하지만 그래도 열심히 하려고 노력은 해봐야 하지 않겠나?

이 단계에서는 부하가 왜 기본적인 행동을 하지 않는지에 대한 이유를 생각하며 질문해야 한다.

애초에 기본 예절의 중요성을 이해하지 못해서 인사를 하지 않는 것이라면 다시 한 번 그 중요성을 제대로 설명해줘야 한다. 만일 부하가 머리로는 알고 있으나 행동으로 옮기지 않는 것이라면 다음과 같은 이유를 생각해볼 수 있다.

☐ 인사의 필요성은 알고 있지만 습관이 되지 않아 종종 잊어버린다.

☐ 선배도 인사를 하지 않기 때문에 나만 하는 것이 우습게

느껴진다.

그다음엔 인사를 하고자 하는 부하의 의지를 확인한다.

상사: 서로 인사를 제대로 주고받는 회사에서 일하는 게 자네도 더
　　　기분 좋지 않겠나?
부하: 네, 그렇습니다.

부하가 신입사원이라면 "일하기 좋은 회사를 만들기 위해 자
네가 모두에게 모범을 보이지 않겠나?"와 같이 다른 직원의 모범
이 될 수 있도록 협조를 구하는 것도 좋은 방법이다.

4단계: 해결책을 생각할 시간 주기

상사: 자, 그럼 선배들의 나쁜 점은 배우지 않기로 하고. 자네는 앞으
　　　로 인사를 잘 하기 위해서 어떻게 할 텐가? (최대한 부하가 스스
　　　로 생각하게 하고, 적절한 조언만 한다.)
부하: 항상 열심히 인사하시는 오 대리님이나 최 과장님을 본받겠습
　　　니다.

상사: 그래, 아주 좋은 생각이야. 그리고 또?

부하: 회사 밖에서도 가족이나 이웃 사람들에게 인사하면서 인사를 습관으로 만들겠습니다.

상사: 그래, 그 방법도 좋군. 이 정도 이야기했으면 잘 알았을 거라 믿네. (기대를 나타낸다.)

5단계: 상대를 지원하기

상사: 내가 도울 일은 없겠나? 음…… 앞으로 인사를 잊어버리면 서로 꼭 말해주기로 하는 건 어떤가? 공동 작전처럼 말일세.

마무리: 격려와 응원 해주기

상사: 오늘 시간 내줘서 고맙네. 앞으로도 잘 부탁하네.

이런 내용의 쓴소리를 하기 위해선 상사가 평소에도 기본예절의 중요성은 물론 그 의미와 목적을 강조할 필요가 있다. 또한 회사 내에도 기본 예절을 중시하는 분위기가 형성되어 있어야 한다.

케이스 2
단순 실수가 잦고,
같은 실수를 반복하는 경우

●○○

조금만 신경 써도 하지 않을 수 있는 단순 실수가 잦을 뿐 아니라 같은 실수를 계속해서 반복하는 부하직원에게도 쓴소리가 필요하다.

□ 번호를 잘못 입력해서 다른 회사에 팩스를 보낸다.

□ 다른 사람에게 메일을 보낸다.

□ 계산 실수가 잦다.

□ 잘못된 방법(거꾸로 넣거나 뒷면이 보이게 놓는 식)으로 서류를 정리한다.

☐ 같이 보내야 할 서류를 빠트린다.

덜렁대는 성격을 타고난 탓에 실수를 할 수도 있다. 하지만 아무리 고의가 없다 해도 이런 실수들이 반복되면 회사 전체가 곤경에 처할 수도 있으니 빨리 바로잡아줘야 한다.

그러나 성격은 꾸짖는 것으로 쉽게 고쳐지는 것이 아니기에, 부하가 같은 실수를 반복하지 않게 할 수 있는 방법을 고민해야 한다. 실수를 하고 싶어서 하는 사람은 없으니 부하 본인도 개선하고자 하는 의지를 갖고 있을 것이 분명하다. '실수를 반복하지 않는 방법을 찾아 실행에 옮길 수 있도록 지원한다'는 마음가짐으로 대화를 나누는 것이 좋다.

[쓴소리 대화법의 구체적 예] **다른 회사에 팩스를 보내버린 직원**

사전준비: 준비 및 분위기 조성

상사: 역시 효진 씨는 항상 일처리가 빨라서 참 좋아. 그런데 잠깐 이야기 좀 나눌까?

1단계: 객관적 사실을 제시하기

상사: 사실은 ○○회사에서 팩스가 오지 않는다고 연락이 와서 말이
　　　야. 아무래도 자네가 보낸 팩스가 다른 곳으로 간 듯해 다른
　　　부서가 대신 보냈다고 하더군. 분명히 3개월 전쯤에도 비슷한
　　　일이 있어서 내가 이야기했던 적이 있는 것 같은데.

사실을 전달한 후에는 부하의 반응을 살피고, 부하 입장에선
놀랐을 수도 있으니 잠시 진정할 시간을 준다. 만약 전혀 신경
쓰는 기색 없이 무덤덤한 반응을 보이면 다음 단계에서 단순 실
수가 회사에 악영향을 끼칠 수도 있다는 점을 강조한다.

2단계: 요구사항 전달하기

상사: 이런 실수가 회사에 어떤 영향을 줄지 알고 있나? ○○회사는
　　　팩스를 기다리는 동안 다른 업무도 못 보고 여기저기에 전화를
　　　걸어 확인하느라 시간을 낭비했어. 사소한 일이라도 확실히 확
　　　인하지 않으면 이런 일이 벌어질 수 있네. 효진 씨는 항상 일처
　　　리가 빨라 좋지만 이런 부분에 좀 더 신경을 써주면 좋겠어. 이

번 일은 정말 유감일세.

3단계: 상대의 생각을 묻기

상사: 이번 일에 대해 자네는 어떻게 생각하나?

부하: 조금만 신경 쓰면 되는 일인데 죄송합니다. 게다가 같은 실수를 반복하다니 정말 부끄럽습니다.

상사: 그래, 자네도 괴로울 거야.

부하도 자신의 반복된 실수에 대해 미안함과 부끄러움을 느끼고 있을 것이다. 그러니 더 꾸짖지 말고 부하의 마음을 헤아려주자.

4단계: 해결책을 생각할 시간 주기

상사: 앞으로 자네도 더 조심하겠지만 생각에만 그치면 또다시 실수할지도 모르는 일 아닌가. 앞으로 이런 일을 미연에 방지하려면 어떻게 하는 게 좋겠나? (아이디어를 생각하게 하고 상사는 기다린다.)

부하: 팩스 번호를 따로 크게 메모해서 팩스를 보내기 전에 꼭 확인

해보겠습니다. 지금까진 명함에 적힌 작은 글씨만 보고 팩스를 보내서 번호를 잘못 입력하는 일이 많았던 것 같습니다.

상사: 좋은 방법이군. 앞으로 그렇게 하면 되겠어. 역시 효진 씨는 일 처리가 빠른 만큼 훌륭한 아이디어도 금방 생각해내는군.

5단계: 상대를 지원하기

상사: 내가 도와줄 일은 없겠나?

마무리: 격려와 응원

상사: 그럼 잘 부탁하네. 기대해도 되지? 신경 좀 써주게.

업무 순서나 방식을
잘못 이해하여 실수하는 경우

●○●

이번에는 업무 순서나 방식을 잘못 이해하거나 착각해서 실수하는 경우를 살펴보자. 여기에는 당연히 해야 할 행동을 하지 않는 경우도 포함된다.

□ 지시한 일을 제대로 하지 않는다.

□ 업무 처리 순서가 잘못되었다.

□ 관련 부서에 해야 할 중요한 연락을 잊어버린다.

□ 업무에 최선을 다하지 않는다.

부하에게 보고서 작성을 맡겼는데 문제가 생긴 경우를 가정해 보자. 지금쯤이면 다 되었겠지 싶어 확인해봤는데 정작 부하는 지시한 것과 전혀 다른 내용의 보고서를 쓰고 있다면 어떻게 해야 할까?

처음부터 다시 쓰기엔 시간이 턱없이 부족한 상황이라면 자신도 모르게 부하에게 큰소리로 화를 내게 될지도 모른다. 이때만큼은 부하를 다독이는 것보다 최대한 빨리 잘못된 일을 바로잡는 것이 우선이다. 다른 부하는 물론 자신도 작업에 참여하고 관련 부서에 부탁해 제출 기한을 조정하는 등 서둘러 손을 써야 한다. 부하를 혼내는 것은 일단 급한 불을 끄고 난 다음의 일이다.

이것이 바로 60쪽에서 설명했던 '2단계 쓴소리'다. 욱하는 마음에 큰소리로 화를 낸 다음 다시 자리를 마련해 쓴소리를 하는 것이다. 2단계 쓴소리에서는 앞서 감정이 격해진 탓에 내뱉었던 심한 말까지 효과적인 재료로 활용된다. 처음 했던 말이 심하면 심할수록 2단계에서의 이성적인 말과 대비되어 더 큰 효과를 발휘하기도 한다.

사전준비: 준비 및 분위기 조성

지금은 칭찬하는 말로 대화를 시작할 만한 상황이 아니기 때문에 "항상 고맙네"와 같은 말은 생략하자. 대신 감정적으로 화를 내고 일방적으로 큰소리를 냈던 것에 대해 사과하는 한편, '상사인 내가 화를 낼 만큼 큰 문제였다'는 사실을 부하에게 전달한다.

> 상사: 어제는 내가 좀 심했지? 미안하네. 나도 좀 당황했던 것 같아. 그런데 어제 일은 정말 가볍게 넘어갈 일이 아니었네. 이런 일이 또 생길 거라고는 생각하지 않네만, 어제 있었던 일로 나도 자네도 느끼는 바가 많았을 것 같은데 함께 얘기 좀 해볼까?

1단계: 객관적 사실 제시하기

> 상사: 어제까지 해달라고 부탁했던 신상품 기획서 말인데, 자네는 청년층을 위한 상품을 중심으로 썼더군. 나는 분명히 노년층을 위한 상품이라고 했던 것 같은데 방향이 완전 반대가 되었어.

항상 똑소리나게 잘했던 자네가 왜 그런 실수를 한 건가? 어디에서부터 잘못된 건지 함께 생각해보면 좋겠네. 내가 자네에게 기획서를 맡긴 게 분명히 ○월 ○일이었던 것 같은데.

사실을 지적하면서 부하가 문제의 원인에 대해 자신과 다르게 인식하고 있는 부분을 서로 확인한다. 부하와의 사이에 메모지를 두고 키워드와 흐름 등을 적어가며 이야기하면 두 사람 사이의 충돌을 방지하고 공동 작업처럼 진행할 수 있다.

상사: 그래, 처음에는 자네도 노년층을 위한 상품이라고 생각했단 말이지? 여기까지는 문제없군.

부하: 처음에는 저도 그렇게 알고 있었는데 사장님께서 조례 시간에 '우리 회사는 앞으로 청년들을 위한 상품에 주력할 것'이라고 말씀하시더라고요. 그래서 영업팀에 확인해보니 청년층을 위한 상품 개발이 필요하다고 하더군요. (부하의 반응과 변명을 듣는다.)

상사: 그렇긴 했으나 영업팀으로부터 연락이 없어서 그 프로젝트는 중지되었지. 그런데 자네는 따로 연락이 없으니 그대로 청년층을 위한 상품이라 생각했던 거고 말일세. 그래, 그럴 수도 있었겠어. 타이밍이 나빴군. 상황은 잘 알겠네.

이렇게 서로의 사정을 알게 되면 부하는 자신이 어디에서부터 잘못 생각했는지를 알 수 있다.

2단계: 요구사항 전달하기

1단계에서 함께 작업하다 보면 따로 말하지 않아도 상사의 요구사항은 부하에게 전달될 것이다. 그러므로 이 경우에는 굳이 상사가 요구사항을 언급하지 않고 바로 3단계로 넘어가 부하의 생각을 묻는 편이 좋다.

3단계: 상대의 생각을 묻기

상사: 그러니까 처음에는 노년층을 위한 상품이라고 생각했는데 사장님과 영업팀 이야기를 듣고선 청년층을 위한 상품으로 기획서를 쓰는 편이 좋겠다고 판단한 거군. 그래, 자네는 이 과정에서 어떤 점이 잘못되었다고 생각하나?

부하: 사장님과 영업부 이야기와 이 프로젝트는 별개였는데 제가 잘못 생각했습니다. 그리고 이상하다는 생각이 들었을 때 바로 부장님께 말씀드렸어야 했는데 저도 출장을 가고 부장님도 해외 출장을 나가 계시는 바람에 제가 독단적으로 진행했던 게

문제였던 것 같습니다. (부하가 반성의 기미를 보이면 변명처럼 들리더라도 이야기를 끝까지 듣는다.)

상사: 그래, 처음부터 나와 이야기했으면 좋았을 텐데. 지금이라도 그렇게 생각해줘서 고맙네.

이야기 도중에 아직도 부하가 잘못 생각하고 있는 점이 있다면 적절한 질문을 통해 바로잡고 조언한다.

4단계: 해결책을 생각할 시간 주기

상사: 앞으로는 어떻게 할 건가? 또 이런 일이 벌어지기 전에 확실히 정해두고 싶은데.

부하: 이제는 조금이라도 의문점이 생기면 바로 부장님께 말씀드리겠습니다.

5단계: 상대를 지원하기

상사: 내가 따로 도와줄 일이 있으면 언제든 말하게. 혼자 판단하기 어려운 일이 생겨도 바로 말해주고. 나도 좀 더 신경 쓰겠네.

마무리: 격려와 응원 해주기

상사: 기운 내게. 그렇게 풀 죽어 있을 필요 없어. 이미 벌어진 일은 좋은 경험 했다 여기면 되는 거야. 내가 항상 자네 믿고 있는 거 알고 있지? 앞으로도 잘 부탁하네.

케이스 4
계획한 일을
행동에 옮기지 않는 경우

●○○

드물긴 하지만, 부하가 지시받은 일을 전혀 하지 않거나 혹은 하다가 그만두는 경우가 있다. 도대체 왜 그러는지 이해하기 어렵지만 사실 부하 본인도 원인을 모르는 경우가 많다. 이런 상황이 벌어지면 다음과 같은 이유를 추측해볼 수 있다.

□ 지시받은 일에 흥미가 생기지 않는다.

□ 어떻게 해야 할지 구체적인 방법을 모른다.

□ 다른 사람에게 부탁하기를 어려워한다.

□ 그 결과, 간단한 업무에만 집중하고 정작 중요한 일은 하지

않는다.

이처럼 다양한 이유로 업무를 아예 시작하지 못하거나 또는 계속 추진할 수 없는 상황에 빠져버리는 것이 문제의 원인이라 할 수 있다. 절대 의욕이 없어서가 아니라 해야 한다고 생각은 하면서도 다른 쉬운 업무를 우선시해버리는 것이다. 다른 바쁜 일이 생기면 그 일을 핑계 삼아 실제로 해야 할 업무를 미루기도 한다.

하지만 정작 본인은 자신이 업무를 회피하고 있다는 생각조차 하지 못하는 경우가 많다. 그러므로 이런 부하를 혼낼 때는 지나간 일을 꾸짖기보다 앞으로 업무를 할 때 도움이 될 수 있도록 구체적인 계획을 세우는 데 중점을 두어야 한다.

또한 케이스 3과 마찬가지로 상사는 문제를 발견한 직후 감정적으로 대응할 가능성이 있기 때문에 **모든 수단과 방법을 동원해 응급처치를 한 뒤 다시 대화 자리를 마련하는 '2단계 쓴소리'**가 필요하다.

사전준비: 준비 및 분위기 조성

케이스 3에서와 마찬가지로. 부하를 칭찬하는 말은 이 상황에 어울리지 않는다. 처음에는 감정적으로 화를 냈던 점에 대해 사과한다.

상사: 수정 씨, 그저께 있었던 고객 데이터베이스 문제 때문에 이야기 좀 하고 싶은데 괜찮을까? 그저께도 누누이 말했지만, 고객 데이터는 정말 중요하네. 그런데 그게 반년 동안이나 방치되어 있었다니 나도 여간 놀란 게 아니야. 이번 건은 어떻게든 수습했지만, 자네답지 않은 일이었기에 정말 유감일세. 다시 이런 일이 없도록 앞으로 어떻게 할지 함께 생각해봤으면 하네.

1단계: 객관적 사실 제시하기

상사: 가장 먼저 해야 할 일이 고객 데이터 입력인데, 데이터는 어떻게 수집하려고 했나?

부하: 제가 방법을 잘 몰라서 예전에 같은 자료를 만들었던 김 과장

님께 여쭤보려고 했는데 과장님이 계속 자리에 안 계셨습니다. 그래서 미뤄두고 있던 와중에 옆 부서에서 급하게 다른 일을 부탁해서……

이렇게 질문을 통해 부하가 업무를 볼 때 걸렸던 부분을 찾는다. 하지만 부하도 무엇이 문제였는지 모르는 경우가 많으므로 모호한 대답이 돌아올 수도 있다.

2단계: 요구사항 전달하기

역시 케이스 3과 같이 여기에서도 상사가 부하에게 '이렇게 해줬으면 좋겠다'라고 말할 필요는 없으므로 이 단계는 생략하고 3단계로 넘어간다.

3단계: 상대의 생각을 묻기

여기에서는 1단계에서 나온 내용을 다시 한 번 정리한다.

상사: 그러니까 자네 말은, 처음에는 어떻게든 해보려 했는데 김 과장한테 물어보지를 못해서 진행할 수가 없었다는 거군. 그러다가 옆 팀에서 급하게 다른 걸 부탁하는 바람에 그 일을 하다가

못했다는 거지? (부하가 수긍하는지 반응을 확인한다.)

부하: 음, 그게 그러니까…….

상사: 왜? 어디가 잘못되었나?

부하: 정말 김 과장님한테 여쭤보면 되는 건지도 망설여지고, 원래
제가 혼자 생각해서 해야 하는 일이 아닌가 고민하다 보니
까……. 그러다가 점점 더 어떻게 해야 할지 모르는 상황이 되
어서요.

상사: 그랬군. 어떻게 해야 할지 몰라서 혼란스러웠던 거지?

4단계: 해결책을 생각할 시간 주기

상사: 자, 그럼 문제는 데이터 입력인데. 어떻게 하면 좋겠나? (부하의
이야기를 듣고 적절히 조언한다.)

부하: 제 책임이니 주말 출근이라도 해서 전부 입력해놓겠습니다.

상사: 끝까지 책임지려는 마음은 잘 알겠지만, 자네 혼자서는 너무
오래 걸릴 것 같아.

부하: 그럼 제가 일을 도와줬던 옆 팀에 지원을 요청해보겠습니다.

상사: 좋은 생각이야. 마침 옆 팀은 얼마 전에 큰 프로젝트도 끝났으
니 여유가 있을 걸세. 나도 얘기해놓도록 하지. 또 다른 방법이

있을까?

부하: 요즘 데이터 입력만을 해주는 외부 업체도 있으니 그 업체를

이용해보는 건 어떨까요?

상사: 그것도 괜찮군. 그러면 거기에 드는 비용과 시간을 알아봐주게.

부하: 네, 알겠습니다.

상사: 그럼 이제 수정 씨는 앞으로 뭘 해야 하지? (앞서 말한 해결책을

부하가 직접 다시 말해보게 함으로써 행동에 옮길 수 있도록 한다.)

부하: 데이터 입력 서비스 회사에 연락하고, 옆 팀에 지원을 요청해

야 합니다.

상사: 그래, 지금 말한 데이터 입력 서비스 회사에 연락하고 옆 팀에

지원을 요청하는 일은 언제까지 가능할 것 같은가?

부하: 내일 오전 중에 끝내겠습니다.

상사: 좋아. 그럼 내일 가장 먼저 해야 할 일은 뭐지? (구체적 행동을

상기시킨다.)

상사: 할 수 있겠지? (부하의 '네'라는 대답을 기다린다.)

부하: 네!

상사: 대답 소리가 아주 믿음직스럽군.

5단계: 상대를 지원하기

상사: 내가 따로 해줄 일이 있으면 언제든 말하게. 판단하기 어려운 일이 생겨도 바로 말해주고. 나도 좀 더 신경 쓰겠네.

마무리: 격려와 응원

일반적인 5단계에서는 "오늘 시간 내줘서 고맙네"와 같은 감사의 말을 하지만 이런 상황에는 어울리지 않으므로 다음과 같은 말로 정리한다.

상사: 그래, 내일 해야 할 일이 끝나면 보고해주게. 기다리고 있겠네.

케이스 5
스스로 생각하며
일하지 않는 경우

●○●

상사의 지시를 마냥 기다리며 오로지 시키는 일만 하는 부하도 있다. 우편봉투에 보내는 곳의 주소를 적어달라고 부탁하면 그다음엔 어떤 일을 해야 할지까지 생각해 "제가 우체국에 가서 부치고 올까요?"라고 묻는 부하와 달리, 시킨 일까지만 딱 하고 마는 부하가 바로 이런 유형에 속한다.

☐ 스스로 생각하지 않고, 시킨 일만 한다.

☐ 업무를 꼼꼼하게 처리하지 않는다.

☐ 매뉴얼대로만 움직인다.

이런 부하는 자신이 혼날 만한 행동을 하고 있다고 생각하지 않고, 이 정도로 충분하다고 여기기 때문에 지시받은 일 이외의 일을 하지 않는 것이다. 하지만 사회인으로서의 역할을 다하려면 자신이 하는 일의 목적과 수행해야 하는 역할은 물론 기대되는 역할도 항상 염두에 두고 일해야 한다. 상사가 지적해줘야 하는 것도 이런 부분이다.

쓴소리 대화법의 구체적 예 **오로지 시키는 일만 하는 직원**

사전준비: 준비 및 분위기 조성

상사: 주원 씨, 지금 시간 괜찮을까? 잠깐 이야기 좀 하지. 항상 밝은 모습으로 일해줘서 고맙네. 자네의 우렁찬 목소리만 들어도 힘이 나는 것 같아. 그래, 우리 회사에 들어온 지 벌써 2년인가? 시간 참 빠르군. 다음 달엔 우리 팀에 신입사원이 들어오니 자네도 드디어 선배가 되겠네.

1단계: 객관적 사실 제시하기

상사: 자네가 열심히 하는 건 잘 알고 있네만, 사실 요즘 조금 신경
　　　쓰이는 일이 있어서 말이야.

부하: 네? 제가 무슨 잘못이라도 했나요?

상사: 대리점 매출 집계는 당일 저녁이나 이튿날 아침까지 끝내야 한
　　　다는 것 알고 있지? 그런데 요즘 자꾸 늦어지는 것 같네.

부하: 그건 외근에서 돌아온 영업팀 직원들이 매출 명세서를 제시간
　　　에 안 주다 보니 그런 거라 제가 어떻게 할 수 없습니다.

2단계: 요구사항 전달하기

생략하고 다음 단계로 넘어간다.

3단계: 상대의 생각을 묻기

상사: 지금 자네가 하는 일이 뭐지?

부하: 대리점 매출 집계와 사무 업무 전반입니다.

상사: 그러면 매출 집계 작업은 무엇을 위해서 한다고 생각하나? 월
　　　급을 받기 위해서라는 등이 아니라 집계 작업 자체의 목적을

묻는 걸세. 자네가 그 작업을 끝내면 그 자료를 바탕으로 어떤 일이 진행되는지 알고 있나?

부하: 음……. 매출액을 보고하면 위에선 그 수치를 보고 경영 방향을 결정하니…… 아마 집계 수치를 빨리 보고 싶어 하실 테고, 만약 수치가 틀리기라도 하면 혼란이 생길 것 같습니다.

상사가 던지는 이런 질문을 통해 부하는 자신의 일이 가진 한 단계 더 높은 목적을 이해하게 된다.

상사: 그래. 그렇기 때문에 매출 집계는 아주 중요한 작업이라네. 그리고 그 일은 자네 혼자 하고 있으니 자네 임무가 아주 막중한 셈이지. 그런데 영업팀에서 자료를 안 준다는 이유로 아무것도 하지 않고 있으면 어떻게 되겠나? 하루하루 밀리다 보면 작업이 더 어려워지는 건 물론 경영에도 악영향을 미칠 걸세. 이렇게 안 되려면 어떻게 해야겠나? 자네 혼자 해결할 수 있을까? 아니면 누군가에게 도움을 요청하는 게 좋을까?

다그치는 말투가 되지 않도록 주의하고, 되도록 부하의 말을 들으며 그의 페이스에 맞춰 진행하는 것이 좋다.

부하: 지금까진 별도로 연락하지 않았지만, 앞으로는 영업팀 직원들에게 매출 명세서를 당일 내에 꼭 제출해달라고 부탁하겠습니다. 또 외근을 마치고 곧바로 퇴근하는 직원들에게는 메일로 내용을 보내달라고 하겠습니다.

상사: 그래, 아주 좋군. 내 생각도 자네와 같네.

부하: …….

상사: (부하의 반응을 살핀다.) 그럼 다시 한 번 얘기를 정리해볼까. 자네는 매출 집계 작업을 하고 있는데 그건 회사 경영과도 관련된 아주 중요한 일이야. 작업이 늦어졌을 때 영업팀을 재촉했더라면 며칠이나 작업이 밀리지는 않았을 텐데, 자네는 재촉하는 방법까지는 생각하지 못했다는 거지.

이렇게 부하가 수긍할 때까지 이야기를 반복하자. 다만 이때의 대화는 부하를 꾸짖기 위함이 아니라 앞으로 업무를 효율적으로 하기 위해 나누는 것이니 이야기를 하면서 부하의 입장을 헤아리려 노력해야 한다.

상사: 입사한 지 얼마 안 된 자네 입장에선 영업팀 직원들이 매출 명세서를 주지 않고 퇴근해버려도 연락해서 재촉하기 어려웠겠

지. 충분히 이해하네.

4단계: 해결책을 생각할 시간 주기

상사: 어떤가? 자네가 하는 일의 목적이나 의미, 그리고 그 역할을 생
각하니 시야가 좀 더 넓어지는 것 같지 않은가?

상사: 그럼, 또 이런 일이 발생하면 자네는 어떻게 하겠나?

5단계: 상대를 지원하기

상사: 내가 도울 일이 있겠나? 앞으로는 나도 일을 부탁할 때 그 일
의 목적과 의미를 함께 알려주도록 노력하겠네.

마무리: 격려와 응원 해주기

상사: 좋았어. 항상 우렁찬 자네 목소리에 더 힘이 실리겠군. 내일부
터 기대하겠네.

부정적 언행으로
회사 분위기를 흐리는 경우

●○○

항상 불평불만만 늘어놓는 부하가 있다. 부정적 말은 사고방식과 행동에도 영향을 주기 때문에 이런 부하는 업무 성과가 좋을 리 만무하다. 또 이런 사람이 한 명이라도 있으면 회사 전체의 분위기를 흐릴 뿐 아니라 업무에도 악영향을 줄 수 있다.

앞의 4장에서 부하의 유형별 쓴소리를 설명할 때 "어차피 다 제 잘못인걸요"라며 자신을 탓하는 사람에 대해 이야기한 바 있지만, 지금부터는 매사에 부정적인 말과 행동을 하는 부하에 대해 생각해보기로 하자.

□ 불평불만이 많다.

□ '어차피 해봤자야' 처럼 부정적인 말을 입버릇처럼 한다.

□ 자리에 없는 사람의 험담을 한다.

이런 부하에게 쓴소리를 할 때는 먼저 본인이 부정적인 말을 많이 한다는 사실을 알려주고, 그것들이 바람직하지 않은 행동으로 이어진다는 사실을 깨닫게 해야 한다. 또한 부하의 말이 주변 사람들에게 악영향을 끼치고 있음을 확실히 지적할 필요가 있다.

이러한 사람의 마음속에는 채워지지 않은 무언가가 있는 경우가 많다. 때문에 '인정 포인트'를 들려주고, 불평불만을 포함한 여러 이야기를 주의 깊게 들어줘야 한다. 더불어 '부정적인 말을 함으로써 얻는 것이 있나?'라는 질문을 던져보는 것도 좋다.

부하의 이야기를 들을 때에는 기본적으로 공감하는 태도를 보여야 한다. 다만 그 자리에 없는 사람의 험담을 부하가 한다면 "나는 그렇게 생각하지 않네"라고 I 메시지로 부정함으로써 다양한 시각이 존재한다는 것을 알려준다.

불평불만만 늘어놓는 직원

사전준비: 준비 및 분위기 조성

상사: 역시 현주 씨는 명필이라니까! 앞으로도 글씨 쓸 일이 있으면
현주 씨한테 부탁해야겠어. 지금 하던 일은 마무리된 건가? 그
럼 지금 잠깐 시간 괜찮나?

1단계: 객관적 사실 제시하기

상사: 자네를 보면서 신경 쓰였던 것들이 있어서 말이야. 현주 씨가
쓴 예쁜 글씨를 보면 참 기분이 좋은데, 그 기분을 망치는 일이
있었단 말이지. 조금만 주의해줬으면 하는 일이 있는데, 내가
이야기를 계속해도 되겠나?

이렇게 상대의 승낙을 받고 이야기를 계속하면 말하는 쪽은
이야기를 꺼내기 쉽고, 듣는 쪽 역시 지적을 받아들이기 쉽다.

상사: 오늘이 수요일이지? 그런데 현주 씨가 "어차피 해봤자 소용없어"

혹은 "짜증나서 못 해먹겠네" 등의 말을 하는 걸 내가 이번 주만 해도 몇 번이나 들었는지 모르겠네. 자네는 기억하지 못할 수도 있겠지만.

상사: 지금 내가 말한 말들, 모두 자네가 했던 게 맞지?

이렇게 설명하다 보면 부하의 얼굴은 어두워지거나 험악하게 변할지 모른다. 상사가 자신의 모습을 계속 지켜보고 있었다는 사실에 기분이 나쁠 수도 있다. 그러므로 이때는 부하의 반발심을 불러오지 않기 위해서라도 '비관적' '부정적' 또는 '불만을 말했다'처럼 상사 자신의 평가가 들어간 표현을 피하고 객관적 사실만을 지적하며 부하의 확인을 구한다.

부하: 확실히 어제는 그런 말을 한 것 같기도 한데……. 그저께 무슨 말을 했는지까지는 잘 모르겠습니다.

상사: 그래, 그저께 한 말 모두를 기억하긴 어렵지. 미안하지만 나는 그 전부터 현주 씨 말이 신경 쓰여서 들릴 때마다 적어놨거든. 아마 자기도 모르게 나온 말이라 현주 씨는 기억나지 않는가 보군.

2단계: 요구사항을 전달하기

2단계에서는 상사로서의 의견을 부하에게 전달한다.

> 상사: "어차피 해봤자 소용없어"라는 말을 들으면 **나는** 일할 의욕이
> 꺾이는 것 같네. 열심히 하려 했던 마음이 싹 사라져버리더라
> 고. 원래 사람 일이란 게 무엇이든 마음먹기에 달린 것 아닌가.

이렇게 자기 생각을 전달한 후엔 주변 사람들에게 끼치는 악
영향을 설명한다.

> 상사: 아마 이렇게 느끼는 게 나만은 아닐 걸세. "어차피 해봤자야"처
> 럼 부정적인 말은 주변 사람들의 의욕까지 사라지게 한다고 **나
> 는** 생각하네. 현주 씨는 별 뜻 없이 했을지 모르겠지만, 자네의
> 이런 말은 주변 사람들에게 큰 영향을 줄 수도 있어.
>
> 부하: ……
>
> 상사: 나는 참 안타깝네. 일을 해보기도 전에 안 된다고 말해버리면
> 생각이나 행동도 소극적이 되지 않겠나. (이때 부하의 인정 포인트
> 를 함께 말한다.) 현주 씨는 항상 꼼꼼하게 일해줘서 고마운 경
> 우도 많았는데, 그런 자네가 이런 말을 해서 더 유감일세.

3단계: 상대의 생각을 묻기

상사: 내가 너무 일방적으로 말한 것 같은데, 자네 생각은 어떤가?

여기에서 부하가 "그럴 생각은 없었어요" "제가 그런 말을 하는지 전혀 몰랐습니다" 등과 같은 말을 할 수도 있다. 그럴 경우에는 먼저 부하의 말을 들어준 뒤, 앞으로 어떻게 해야 할지에 대한 이야기로 화제를 바꾸자.

4단계: 해결책을 생각할 시간 주기

상사: 그럼 어떻게 해야 그런 말을 하지 않게 될지 생각해볼까? 어떤 방법이 좋겠나?

가장 좋은 상황은 부하가 스스로 해결책을 생각해내서 답하는 것이지만, 답이 없다면 상사가 방법을 제안해야 한다. 어떤 방법이라도 좋다.

상사: 내가 자네한테 제안이랄까, 부탁이 있는데 말해도 되겠나? 뭔

가 하고 싶은 말이 있을 때 아무 말도 하지 않는 건 힘들 수도 있네. 그러니 하고 싶은 말이 생기면 일단 심호흡을 한 번 하고 주문을 외워보는 건 어떨까?

부하: 네?

상사: 영문을 모르겠단 표정이군. 사실 이건 어떤 책에서 읽은 건데, 위기에 처했을 때에도 "지금이 기회야"라고 중얼거리면 상황을 긍정적으로 받아들일 수 있을 뿐 아니라 지혜와 힘도 생긴다 하더라고. 나도 실제로 해봤는데 꽤 효과가 있었다네. 자네도 해보면 좋을 것 같아 얘기하는 걸세.

부하: 지금이 기회야……. 네, 알겠습니다. 한번 해보겠습니다.

5단계: 상대를 지원하기

상사: 의논해야 할 일이 생기면 언제든 말해주게.

마무리: 격려와 응원 해주기

상사: 시간 내줘서 고맙네. 현주 씨가 웃으면서 일하면 팀 분위기도 살아나더군. 그러니 앞으로도 잘 부탁하네.

케이스 7
자신보다 약한 상대에게
고압적으로 구는 경우

●○○

회사 후배나 계약상 을의 관계에 있는 거래처 혹은 하청업체 등 자신보다 아래에 있다고 여겨지는 상대에게 고압적인 태도를 보이는 사람이 있는데, 도가 지나칠 경우에는 따끔하게 혼낼 필요가 있다.

☐ 지나치게 엄격히 후배를 가르친다.

☐ 거래처(하청업체)에 큰 소리를 치거나 실례되는 말을 한다.

☐ 회사 내에서 여성에게 짓궂은 장난을 친다.

이런 사항에 해당하는 사람은 스스로 중심을 잡지 못해 이리 저리 흔들리거나 자신감이 부족해 불안을 느끼는 경우가 많다. 자신의 불안을 해소하기 위해 자기보다 약한 입장의 이들을 괴롭히는 것이다.

이러한 부하를 혼낼 때는 먼저 그 부하의 존재부터 인정해주는 것이 중요하다. 그리고 자신보다 약한 입장의 사람들에게 예의를 지켜야만 비로소 본인의 가치가 높아진다는 사실을 깨닫게끔 한다.

사실 이런 말은 아무리 논리적으로 설명해도 이해시키기 쉽지 않다. 보통 이런 사람은 자신보다 높은 지위의 사람에게 약하기 마련이니 그 점을 이용하자. 상사라는 입장을 이용하여 부하가 자신의 잘못된 행동을 직접 겪어보게 하는 것도 좋다.

쓴소리 대화법의 구체적 예 | 지나치게 엄격히 후배를 가르치는 직원

사전준비: 준비 및 분위기 조성

상사: 강철 씨, 지금 시간 괜찮나? 잠깐 할 얘기가 있는데. 우리 강철 씨는 항상 목소리가 우렁차서 아주 좋아. 자네가 말을 하면 집

중이 정말 잘 된다니까. 후배들 교육에도 앞장서줘서 정말 고맙네.

1단계: 객관적 사실 제시하기

상사: 이번에 새로 들어온 경호 씨 있지 않나. 요즘 경호 씨가 잔뜩 풀이 죽어서 다니기에 유심히 살펴보니, 자네한테 혼난 다음에 특히 더 그래 보이더라고. 자네가 후배를 열심히 가르치고 있는 건 잘 알고 있네만, 요즘 경호 씨를 자주 '멍청한 녀석'이라고 부른다지? 아무래도 경호 씨가 그 말 때문에 더 기운이 없는 것 같네. 자네는 몰랐지?

2단계: 요구사항을 전달하기

상사: 어이, 이강철 자네! 도대체 아까부터 뭘 하는 거야, 이 멍청한 녀석!

부하: !!

상사: 놀랐나? 미안하네. 자네가 경호 씨한테 하는 것처럼 한번 해봤네. 어떤가? 기분이 좋진 않지?

부하: ……

상사: 아무리 후배 교육을 위해서라지만 그렇게까지 하는 건 상대의 인격을 부정하는 것과 다름없다고 **나는** 생각하네. **나는** 자네가 후배 교육에 앞장서줘서 정말 고맙게 생각하지만, 그런 말은 삼갔으면 하네. 회사도 결국은 인간관계로 이루어지는 것 아닌가. **나는** 엄격하게 하되 예의는 지키면서 모두 기분 좋게 일할 수 있는 회사를 만들고 싶다네.

3단계: 상대의 생각을 묻기

부하: 하지만 경호 씨는 일하면서도 멍하니 있는 경우가 많아서요. 경호 씨를 위해서라도 누군가는 따끔하게 말해줄 필요가 있다고 저는 생각합니다.

상사: 그래, 그런 생각이었군. 따끔하게 말해야 알아들을 거로 생각한 거야. 하지만 상대를 깎아내리거나 고압적으로 행동해야만 엄격한 건 아니라네.

여기에서 잠시 부하에게 생각할 시간을 준다.

부하: …… 확실히 엄격하게 가르치는 것과 상대를 깎아내리는 것은
　　　다른 것 같네요.

상사: 그래, 분명히 다르지. 역시 강철 씨는 이해가 빠르군. 그럼 어떻
　　　게 해야 후배를 잘 가르칠 수 있다고 생각하나? (다시 한 번 곰곰
　　　이 생각하게 한다.)

부하: …… 상대가 바람직한 방향으로 나아갈 수 있도록 이끌어주어
　　　야 한다고 생각합니다.

상사: 그렇지, 맞네. 그럼 매일같이 엄격하게 대하는 것과 꼭 필요할
　　　때 엄격해지는 것. 어느 쪽이 더 효과적이라고 생각하나?

부하: 꼭 필요할 때 아닐까요?

상사: 그렇지! 역시 강철 씨야.

4단계: 해결책을 생각할 시간 주기

상사: 강철 씨가 후배를 교육하는 모습을 보고 있으면 정말 열심이라
　　　보기 좋지만, 강약을 조금 더 잘 조절해서 꼭 필요할 때만 따
　　　끔하게 혼낸다면 더 좋을 것 같네. 그리고 지금보다 좀 더 평소
　　　에 부드럽게 대하면 후배들이 아주 좋아할 거야. 그렇게 해도
　　　선배로서의 위엄은 충분히 지킬 수 있을 걸세. 그리고 후배들

도 친절하면서도 똑 부러진 자네를 지금보다 더 잘 따를 거고 말이야.

5단계: 상대를 지원하기

상사: 내가 따로 도울 일이 있으면 언제든 말해주게. 그리고 혹시라도 앞으로 경호 씨가 자네 때문에 힘들어하거나 하면 내가 따로 알려주지.

마무리: 격려와 응원 해주기

상사: 잘 부탁하네. 후배를 교육하면서 자네도 진정한 선배로 거듭날 수 있을 거야. 기대하고 있겠네!

케이스 8
생활습관에
문제가 있는 경우

●○○

상사가 직원의 사생활에까지 참견하는 것은 좋지 않을 수도
있다. 하지만 잘못된 생활습관이 업무에까지 영향을 줄 땐 주저
하지 말고 쓴소리를 해야 한다. 구체적으로는 다음과 같은 경우
가 이에 해당한다.

☐ 복장이 단정치 않고, 겉모습에 문제가 있다.

☐ 수면 부족으로 자주 하품을 하거나 업무 중 조는 모습을
　 보인다.

☐ 책상 위를 정리하지 않은 채 그대로 퇴근한다.

복장이 단정치 못하고 겉모습에 문제가 있는 직원

사전준비: 준비 및 분위기 조성

상사: 대영 씨, 잠깐 이야기 좀 할까? 회의실로 와주겠나?

부하: 네, 알겠습니다.

상사: 바쁠 텐데 미안하네. 항상 열심히 해줘서 고맙고. 자네한테 꼭 하고 싶은 말이 있는데 해도 되겠나?

이때에도 부하의 승낙을 구한다. 이렇게 한 다음에 말을 꺼내면 상대도 자신이 일단 승낙한 만큼 이야기를 받아들이기가 쉬워진다.

1단계: 객관적 사실 제시하기

상사: 대영 씨, 지금 입고 있는 그 재킷 말인데. 계속 같은 옷이지? 벌써 몇 개월 동안 매일 같은 옷을 입고 있는데 갈아입고는 있는 건가 해서 말이야. 옷도 한 번 입으면 조금 쉴 시간을 줘야 오

래가는 법 아니겠나. 그리고 구두에도 진흙이 잔뜩 묻어 있는데 알고 있나?

2단계: 요구사항 전달하기

상사: 자네가 누구보다 열심히 일한다는 건 회사 사람들 모두가 알고 있네. 모두 자네 칭찬을 많이 하더군. **나도** 자네 같은 부하가 있어서 참 자랑스러워.

하지만 말이야, 누군가를 평가할 때는 그 사람의 겉모습도 큰 영향을 준다고 **나는** 생각하네. 특히 우리는 고객들과 직접 만나야 하질 않나. 아무리 일을 잘해도 겉모습이 단정하지 못하면 고객에게 좋은 인상을 줄 수 없어. 물론 중요한 건 겉모습보다 내면이지만, **내 생각에는** 아직 겉모습으로 사람을 판단하는 경우들이 더 많은 것 같아. 그러다 보니 겉모습에 신경을 너무 안 쓰면 솔직히 주변 사람들도 불편하게 여길 수밖에 없다고 (**나는**) 생각하네.

3단계: 상대의 생각을 묻기

상사: 지금 내가 한 말에 대해 어떻게 생각하나?

부하: 솔직히 잘 모르겠습니다. 저는 사람은 내면이 더 중요하다고 생각합니다. 그리고 예의에 맞게 정장을 입고 있는데 그래도 문제가 됩니까?

상사: 그래, 자네처럼 옷에 별로 관심이 없으면 그럴 수도 있지. 자네는 정장만 입으면 문제없다고 생각하지만, 고객 중에는 겉모습에 신경 쓰는 사람이 많다네. 고객 입장에서 보면 '대영 씨는 나와 만나는 걸 중요하게 생각하지 않아서 옷차림에도 별로 신경 쓰지 않는구나'라고 생각할 수도 있어. 물론 내면은 중요하지만, 일할 때 의욕을 불어넣자는 의미에서라도 아침에 출근할 때 옷차림에 조금 더 신경을 써보는 건 어떻겠나?

이렇게 상사의 입장에서 제안하지 않으면 부하 스스로 해결책을 생각하지 못하는 경우도 있다.

4단계: 해결책을 생각할 시간 주기

부하: 그런데 도대체 어디에 어떻게 신경을 써야 하는지…….

상사: 맞아, 본인은 사람들이 자기를 어떻게 보는지 모를 수 있지. 우리 함께 생각해볼까? (함께 매일 아침 출근 전 확인해야 하는 '체크 리스트'를 작성한다.)

5단계: 상대를 지원하기

상사: 자네만 괜찮다면 내가 매일 아침에 보고 확인해줘도 좋은데 어떤가? 감시당하는 것 같아 싫을 수도 있겠지만 몇 번 하다 보면 익숙해질 걸세. 해보지 않겠나? 체크 리스트를 확인하기 위해서라도 말이야.

마무리: 격려와 응원 해주기

상사: 좋아! 대영 씨는 이미 충분히 멋진 직장인이지만, 주변 사람들도 그렇게 생각할 수 있도록 함께 힘내보세! 시간 내줘서 고맙네.

쓴소리는 신뢰를 쌓기 위한
첫걸음

●○○

끝까지 함께해주신 독자 여러분들에게 감사의 말을 전한다.

책의 후반부에서는 부하의 유형별, 상황별로 다른 쓴소리 방법을 구체적으로 소개했다. 사회생활을 하며 한 번쯤은 마주칠법한 부하 직원들의 모습을 다양하게 살펴보았는데, 혹시 이 부분만을 읽은 독자분이 계신다면 꼭 전반부의 기본 법칙도 함께 읽어봐달라고 부탁드리고 싶다. 이런 쓴소리가 필요한 이유를 더욱 깊이 이해할 수 있을 것이다.

흔히 '혼내기 요령'이라고 불리는 방법 중에는 기본 법칙이나 원리를 설명하지 않은 채 패턴과 유형만을 소개하는 경우가 적

지 않다. 하지만 그것만으로는 다양한 상황에 맞춰 쓴소리하기
가 쉽지 않다.

본문에서도 말했듯 내가 제안하는 쓴소리 대화법에는 다음과
같은 세 가지 특징이 있다.

1. 쓴소리에는 형식(시나리오)이 있다. 기본 형식은 단 하나이며
   혼내는 사람과 혼나는 사람 사이의 대화를 통해 이루어진다.
2. 대화를 효과적으로 하는 데는 요령이 필요하다.
3. 쓴소리하기에 앞서 마음가짐이 중요하다.

가장 강조하고 싶은 것은 '기본 형식은 단 하나'라는 점이다.
어떤 부하라도, 어떤 상황에서라도, 부하가 어떤 실수를 저질렀
더라도 이 '기본 형식'에 맞추어 생각하면 사람의 마음을 움직일
수 있다. 어렵게 생각하지 않아도 된다. 그저 '하나의 형식'과 '대
화 요령', 그리고 '쓴소리를 할 때의 마음가짐'만 기억하면 되기
때문이다. 이것들을 상황에 맞게 조금씩 바꾸기만 해도 '쓴소리
대화'를 하기는 아주 쉬워진다. 성공의 비결은 상대를 인정하는
마음, 부하의 성장을 바라는 바람, 그리고 끈기 있게 대화를 이
끌어가는 자세다.

이 방법의 장점을 다시 한 번 소개한다. 다음과 같은 많은 장점이 있으니 꼭 쓴소리 시나리오에 도전해보길 바란다.

- 쓴소리에 서툰 사람, 쓴소리 때문에 부하와의 관계가 어색해질까 두려워하는 사람도 올바른 쓴소리(주의와 행동 개선 요청)를 할 수 있다.
- 혼나는 사람이라도 기분이 상하지 않을 뿐 아니라 오히려 힘을 얻을 수 있다. 따라서 쓴소리하는 상사를 싫어하기는커녕 신뢰하게 된다.
- 상사와 부하의 신뢰가 두터워진다.
- 혼나는 사람이 스스로 행동을 개선한다.
- 쓴소리 시나리오는 다양한 상황에 맞게 응용할 수 있으므로 실생활에서 활용하기 쉽다.
- 쓴소리를 하는 상황이 아니더라도 쓴소리 시나리오를 통해 상대의 마음을 헤아리는 방법과 대화 요령을 배워 활용할 수 있다.

이 책은 전작 『혼내지 않고 혼내는 기술!叱らないで叱る技術!』(2015년 작, 한국 미출간_옮긴이)에 이은 두 번째 책이다. 전작은 기업을 대

상으로 진행했던 '쓴소리 대화법 연수'에서의 강의를 정리한 것이기에 이 책보다 훨씬 심도 있는 내용으로 이루어져 있다. 사람의 심리에 대해 깊이 파고들었을 뿐 아니라 쓴소리 대화를 실천할 때 활용할 수 있는 예문도 실었다. 이러한 장점이 있는 반면, 한 권의 책에 전부 담기에는 내용이 다소 어렵고 복잡하다는 단점도 있었다.

그래서 이 책에서는 회사에서 커뮤니케이션 방법 때문에 고민하는 사람들이 쉽게 읽을 수 있도록 간단한 내용을 다루려 노력했다. 이른바 '혼내지 않고 혼내는 방법'의 입문편이라고도 할 수 있겠다(더욱 깊은 내용을 알고 싶다면 『혼내지 않고 혼내는 기술!』을 읽어보는 것도 좋다).

마지막으로 이 책이 세상의 빛을 볼 수 있게 도와주신 많은 분께 감사를 드리고 싶다.

먼저 이 책에서 소개한 쓴소리 방법의 근본이 되는 철학을 알려주신 선생님들께 감사를 표한다.

내가 코칭 이론에 눈뜨는 계기를 만들어 주신 코퍼레이트 에듀케이션의 강사 우치우미 마사루內海賢 선생님. 이분의 강의를 듣지 않았다면 지금의 나는 없을지도 모른다. NLP의 길로 이끌어주신 밸류 크리에이션의 고테라 히로히토小寺博仁 선생님. 선생님을 통해 배운 '채찍 관리 방법'과 '당근 관리 방법'은 내게 큰 충격을 주었고, 이후 나도 '당근 관리 방법'을 널리 알리기 위해 힘쓰고 있다. 또한 NLP와 함께 최면 테라피를 알려주신 일본 NLP 종합연구소의 다구치 게이지田口圭二 선생님. 선생님이 주장하신 '동그라미 커뮤니케이션(상대를 절대 부정하지 않고 인정하는 커뮤니케이션)'은 내 커뮤니케이션 연구의 기본 원리가 되었다(실천은 아직 멀었지만).

다음으로 감사드릴 분들은 이 책의 출판을 위해 힘써주신 분들이다.

자칫 딱딱하고 지루한 책이 될 뻔한 이 책에 적절한 조언을 해주신 오토뱅크의 우에다 와타루上田渉 회장님. 내 강의 내용과 여러 에피소드를 읽기 쉬운 문장으로 만들어주신 프리라이터 나가야마 기요코長山清子 씨. 이 책의 기획부터 출판까지 책임져주신 고분샤光文社 출판사 논픽션 편집부의 미노 지사토三野知里 씨. 정말 진심으로 감사드린다. 이분들이 없었다면 내 머릿속에 있는 쓴소리 방법을 이렇게 널리 알리는 것도 불가능했을 것이다.

그리고 마지막으로 이 책에 몇 번이나 등장한 나의 아내 쓰루미鶴美에게 우리의 대화를 책에 실어서 미안하다는 말을 전한다.

모두 책의 내용을 쉽게 전달하기 위해서였으니 이해해주길 바라며, 항상 응원해줘서 고맙다고 말하고 싶다.

이 책을 통해 상사와 부하 사이의 커뮤니케이션이 활발해지고 신뢰 관계가 두터워질 뿐 아니라 많은 회사에 '당근 관리 방법'이 널리 퍼지기를 바라본다.

이 말은 꼭 해야겠는데 어떻게 하면 좋을까

지은이 | 다나베 아키라
옮긴이 | 송현정
본문 일러스트 | 무라야마 우키

1판 1쇄 인쇄 | 2022년 2월 15일
1판 1쇄 발행 | 2022년 2월 28일

펴낸곳 | (주)지식노마드
펴낸이 | 김중현
디자인 | 제이알컴
편집 | 장윤정
등록번호 | 제313-2007-000148호
등록일자 | 2007. 7. 10
(04032) 서울특별시 마포구 양화로 133, 1702호(서교동, 서교타워)
전화 | 02) 323-1410
팩스 | 02) 6499-1411
홈페이지 | knomad.co.kr
이메일 | knomad@knomad.co.kr

값 15,000원

ISBN 979-11-92248-01-1 13320